Frank Schäffler, Clemens Schneider
Florian A. Hartjen, Björn Urbansky

Freihandel

für eine gerechtere Welt

Mehr als TTIP, Fracking und Chlorhühnchen –
ein Plädoyer für eine gemeinsame Welt

EDITION
PROMETHEUS
FBV

Bibliografische Information der Deutschen Nationalbibliothek
Die Deutsche Nationalbibliothek verzeichnet diese Publikation in der Deutschen Nationalbibliografie.
Detaillierte bibliografische Daten sind im Internet über http://dnb.d-nb.de abrufbar.

Für Fragen und Anregungen:
info@finanzbuchverlag.de

1. Auflage 2018

ein Imprint der Münchner Verlagsgruppe GmbH
Nymphenburger Straße 86
D-80636 München
Tel.: 089 651285-0
Fax: 089 652096

Redaktion: Ulrike Kroneck
Korrektorat: Silvia Kinkel
Umschlaggestaltung: Marc-Torben Fischer
Umschlagabbildung: shutterstock.com/Leyasw
Satz: ZeroSoft, Timisoara
Druck: GGP Media GmbH, Pößneck
Printed in Germany

ISBN Print 978-3-95972-083-0
ISBN E-Book (PDF) 978-3-96092-140-0
ISBN E-Book (EPUB, Mobi) 978-3-96092-141-7

Weitere Informationen zum Verlag finden Sie unter

www.finanzbuchverlag.de

Beachten Sie auch unsere weiteren Verlage unter www.m-vg.de.

INHALT

FRANK SCHÄFFLER

Vorwort

Die Stimme für den Freihandel zu erheben, ist in der heutigen Zeit nicht so einfach. Ängste und Befürchtungen überwiegen. Jeder kennt die Fernsehreportagen über schlechte Arbeitsbedingungen oder gar Kinderarbeit in Entwicklungs- und Schwellenländern – und jeder hat die Stimme aus dem Off im Ohr, die Globalisierung und Kapitalismus die Schuld dafür gibt. Es ist einfach, den moralischen Zeigefinger zu erheben. Und es ist noch einfacher, in die allgemeinen Klagen mit einzustimmen.

Dieses Buch will sich diesen Phrasen entgegenstellen und stattdessen die Vorzüge des Freihandels herausstellen. Denn der Abbau von Zöllen und Handelsbeschränkungen hat mehr zur Bekämpfung der Armut auf dieser Welt beigetragen als sämtliche Entwicklungshilfe-Milliarden und alle Demonstrationen gegen die vorgeblich unmenschliche Globalisierung. Der Freihandel ist einer der Gründe dafür, dass es in unserer Welt sehr viel menschlicher zugeht als in Zeiten der Abschottung und Vereinzelung.

Freihandel ist eine alte Idee. Sie hatte es freilich nie leicht. Das liegt auch an politökonomischen Zusammenhängen. Kleine Gruppen setzen ihre Interessen leichter durch als große Gruppen. Mehr noch: Sie setzen ihre Interessen zulasten der großen Gruppen durch. Die Landwirtschaftslobby, Spartengewerkschaften und Stahl- und Autoproduzenten bündeln ihren Einfluss und machen ihn gegenüber Regierung und Parlament geltend. Meist mit Erfolg. Der viel größeren Gruppen der Konsumenten, Steuerzahler und Wähler gelingt dies weniger gut, da sie sich nicht auf eine einheitliche Strategie einigen können. Diese Überlegungen, die auf den Ökonomen Mancur Olson zurückgehen, prägen den Widerstand gegen den Freihandel.

Westliche Stahlproduzenten befürchten die »Billigkonkurrenz« aus China. Diese würde den Markt mit ihren Überkapazitäten »überschwemmen«. Der amerikanische Präsident kritisiert den Leistungsbilanzüberschuss Deutschlands und will mit Importbeschränkungen reagieren. Letztlich will er damit die Freiheit seiner Bürger einschränken, denn er hindert sie daran, die Produkte zu kaufen, die sie wollen. Und die EU bestraft russische Unternehmen und Konsumenten mit Sanktionen, weil der autokratisch herrschende Präsident völkerrechtswidrig die Krim annektiert hat. Dieser regiert seinerseits mit Importbeschränkung. Die Welt schaukelt sich hoch. Abschottung und die Verfolgung von Partikularinteressen kleiner Gruppen gewinnen wieder die Oberhand.

Dieser Band leuchtet viele unterschiedliche Aspekte des Freihandels aus, benennt Probleme und zeigt Lösungen auf. Prominente Wortführer der Marktwirtschaft und der individuellen Freiheit sowie junge Nachwuchswissenschaftler kommen zu Wort. Die Texte helfen dabei, die Bedeutung des Freihandels für Bürger und Konsumenten besser nachzuvollziehen und liefern Argumentationshilfen gegenüber den Gegnern des Freihandels am rechten und linken Ende des politischen Spektrums wie auch in der Mitte unserer Gesellschaft. Sie wollen aufklären und Perspektiven aufzeigen.

Das Buch beginnt mit einem Grundsatztext von Frank Schäffler und Clemens Schneider, der den Auftakt der Kampagne »Prometheus – Das Freiheitsinstitut« zum Freihandel bildete, die unter www.freetrade.org im Internet zu finden ist. Hier werden in Kürze die grundlegenden Vorteile des Freihandels dargestellt. Der erste Text stammt vom ehemaligen Wirtschafts- und Arbeitsminister Wolfgang Clement, der als Hauptarchitekt der Agenda 2010-Reformen die entscheidenden Grundlagen dafür legte, dass es Deutschland heute so gut geht. Er schreibt über die Rolle des Handels für die deutsche Wirtschaft in der Geschichte und heute. Außerdem verdeutlicht Wolfgang Clement, warum der Freihandel ein Ziel ist, dem sich jeder verpflichtet fühlen sollte, unabhängig von Parteizugehörigkeit oder ökonomischer Situation. Der Vorsitzende des Verbandes »Die Familienunternehmer«, Reinhold von Eben-Worlée, legt in seinem Beitrag dar, warum insbesondere die vielen deutschen Hidden Champions vom Freihandel profitieren, der eine Grundlage des anhaltenden deutschen Wirtschaftswunders ist. Prof. Jörg Baten, Wirtschaftshistoriker an der Universität Tübingen, erläutert in seinem Artikel, inwiefern wir in der Rückschau feststellen können, dass Freihandel einen wesentlichen Beitrag geleistet hat, um den Lebensstandard weltweit signifikant zu verbessern.

Der wohl einflussreichste Freihandelsaktivist in der Geschichte war der Brite Richard Cobden (1804–1865). Seinen Lebensweg und seine Überzeugungen zeichnet Clemens Schneider nach. Im Anschluss ist eine deutsche Übersetzung einer der berühmtesten Reden Cobdens zu lesen. Frank Schäffler geht in seinem Beitrag darauf ein, wie sich scheinbar gegensätzliche Gruppierungen im Kampf gegen Freihandel auf derselben Seite wiederfinden, wer die falschen Freunde der Idee sind, warum Schiedsgerichte keine Gefahr darstellen und wem mehr Freihandel vor allem nutzt: den Armen. Prof. Stefan Kooths vom Institut für Weltwirtschaft an der Universität Kiel erklärt, warum die Debatte um Leistungsbilanzdefizite ins Leere geht.

Der zweite Teil des Buches besteht aus Texten junger Nachwuchswissenschaftler. Eingeleitet wird er von einem Beitrag von Fabian Kurz, der einen Überblick bietet über verschiedene ökonomische Theorien zum internationalen Handel. Es folgt ein Text von Jens Hertha, in dem dieser darlegt, welches Handelsregime besser geeignet ist, um ein für alle Beteiligten vorteilhaftes Ergebnis hervorzubringen. Er kommt zu dem Schluss, dass multilaterale Handelsabkommen erheblich vorteilhafter sind als solche, die zwischen einzelnen Staaten geschlossen werden. Julia Münzenmaier erklärt umfassend, was es mit internationalen Schiedsgerichten genau auf sich hat und warum sie keine Bedrohung, sondern eine wertvolle Ergänzung des derzeitigen Rechtssystems sind.

Der Wirksamkeit und dem Sinn von Wirtschaftssanktionen widmet sich der Artikel von Justus Hövelmann, der zu dem Schluss kommt, dass pauschale Sanktionen in der Regel eher schädlich sind, während gezielte, personenbezogene Maßnahmen das Mittel der Wahl sein sollten, auch um die Segnungen ungehinderten Handels auf allen Seiten nicht zu gefährden. Florian A. Hartjen und Björn Urbansky zeigen in ihrem Beitrag auf, welche politökonomischen Mechanismen dafür verantwortlich sind, dass kleine Gruppen ihre protektionistischen Interessen oft wirkmächtig zulasten des Gemeinwohls durchsetzen können. Mareike König und Tobias von Dreden widmen sich diesem Phänomen aus medientheoretischer und psychologischer Sicht und analysieren die Argumentationsmuster der Freihandelsgegner. Und Dr. Matthias Bauer schließlich präsentiert seine umfassende Studie zur Finanzierung der Anti-TTIP-Bewegung und bringt Licht in das Dunkel der verschiedenen Interessenverbände, die gegen die Globalisierung kämpfen.

Unser besonderer Dank gilt unseren Mitherausgebern Florian A. Hartjen und Björn Urbansky für ihre wertvolle Vorarbeit bei der Erstellung des Buches; dem stets hilfsbereiten und umfassend hilfreichen Team des FinanzBuch Verlags; all unseren Autoren, allen voran Herrn Clement, Herrn von Eben-Worlée, Herrn Prof. Baten, Herrn Prof. Kooths und Herrn Dr. Bauer; und schließlich insbesondere auch allen Unterstützern von »Prometheus – Das Freiheitsinstitut«, die uns unsere Arbeit durch ihre großzügige Unterstützung erst ermöglichen.

Es ist jetzt die richtige Zeit, den Globalisierungsgegnern, den vermeintlichen »Verbraucherschützern«, den »Arbeitsplatzrettern« und den »Umerziehern« endlich ins Stammbuch zu schreiben: Kein Mensch, keine Gruppe, keine noch so demokratisch gewählte Mehrheit und auch kein Staat hat das Recht, Menschen zu zwingen, auf eine bestimmte Art und Weise glücklich zu werden. Denn das Ziel, das wir als Freunde des Freihandels verfolgen, ist, dass eines Tages, wie Richard Cobden es formulierte, »die Menschheit eine Familie geworden ist und Mensch mit Mensch aus freien Stücken die Früchte seiner Arbeit brüderlich austauscht.«

Berlin, Ende August 2017
Frank Schäffler

CLEMENS SCHNEIDER

FRANK SCHÄFFLER

Freihandel – Für eine gerechtere Welt

Freihandel – der Motor einer humaneren Welt

Präsident Trump macht die Freihandelsabkommen für den Verlust von Arbeitsplätzen verantwortlich. Ein breites Bündnis linksgerichteter Organisationen in Europa sieht mit dem Freihandel alle Verbraucherschutz-Standards kollabieren. Das sind Ablenkungsmanöver zum Schutz von Privilegien einiger weniger. Dass es uns heute weltweit, in Europa und Deutschland so gut geht wie noch nie in der Geschichte, ist wesentlich ein Verdienst der zunehmenden Liberalisierung des Welthandels.

Freihandel schafft Frieden

Je intensiver Völker und Staaten über den Handel miteinander verbunden sind, umso unwahrscheinlicher wird es, dass sie miteinander Krieg führen. Der Handel steigert die gegenseitige Abhängigkeit. Durch die wirtschaftliche Verflechtung entsteht in der Bevölkerung immer mehr Widerstand gegen Konflikt und Krieg. Keiner hat ein Interesse daran, aufgrund politischer Aggressionen seine Waren nicht mehr verkaufen oder andere Waren nicht mehr zu günstigen Preisen erwerben zu können. Propaganda gegen den Feind verfängt nicht mehr, wenn man ihn kennt und mit ihm in Geschäftsbeziehungen steht. Immer mehr

Handel zwischen den Staaten treibt den Preis für Krieg beständig in die Höhe. Zugleich erhöht sich der Wohlstand durch Handel viel schneller und nachhaltiger als durch Eroberung.

Freihandel ist fairer Handel

Handelsbeschränkungen in Form von Zöllen, aber auch von Standards und Regulierungen verschaffen einigen wenigen Einheimischen Vorteile gegenüber Fremden. Gerade die Gruppen, die am besten organisiert sind, nutzen ihren politischen Einfluss, um sich vor der Konkurrenz jenseits der Grenze zu schützen. Es sind oft Großkonzerne und Großgewerkschaften, die sich durch protektionistische Politik diese Privilegien sichern. Dagegen ermöglicht Freihandel jedem Anbieter und jedem Konsumenten Zugang zum Markt. Er verhindert Diskriminierung und ermöglicht jedem Marktteilnehmer eine Chance, unabhängig von seiner Herkunft, seinem Geschlecht, seiner Meinung oder seiner gesellschaftlichen Stellung.

Freihandel hilft den Schwachen

Eine der Gründergestalten der Sozialen Marktwirtschaft, Franz Böhm, bezeichnete den Wettbewerb einmal als »das genialste Entmachtungsinstrument der Geschichte«. Diese Beobachtung gilt auch für den Freihandel. Wer reich ist, kann sich auch höhere Preise leisten. Von Handelsbeschränkungen sind am stärksten die Geringverdiener, die mittelständischen Unternehmen, die einfachen Bürger betroffen. Sie müssen die höheren Preise bezahlen und finanzieren durch ihre Steuern die Subventionen für die wenigen Privilegierten mit. Alle müssen zurückstecken, damit einige wenige einen Vorteil haben. Dahingegen ist Freihandel vor allem für die Starken eine Gefährdung, weil er den Schwachen eine Chance zum Aufholen bietet – im eigenen Land und auf der ganzen Welt. Wer Marktmacht brechen will, muss über Freihandel den Wettbewerbsdruck erhöhen.

Freihandel stärkt das Individuum

Freihandelsgegner argumentieren, man müsse »unsere Industrie« schützen oder »unsere Standards« durchsetzen. Dahinter steckt das antiquierte Denkschema von »wir gegen die«, der Kollektivismus und Nationalismus, der die Welt so oft ins Unglück gestürzt hat. Der Freihandel dagegen ist blind gegenüber Nationen, einzelnen Wirtschaftszweigen oder irgendeinem anderen Kollektiv. Vor ihm zählt nur die kleinste Einheit im Wirtschaftsleben: das Individuum. Wo er herrscht, muss sich kein Individuum einem größeren Wir unterordnen. Der Freihandel lässt zu, dass die einzelnen Vertragsparteien entscheiden, welche Waren und Dienstleistungen sie kaufen und verkaufen. Freihandel ist eine kosmopolitische Idee. Es überrascht nicht, dass in der gegenwärtigen Renaissance nationalistischer Ideen der Freihandel stark in die Defensive gerät, war er doch immer ein Motor der Entnationalisierung.

Freihandel ist die beste Entwicklungshilfe

Inzwischen hat sich fast überall die Erkenntnis durchgesetzt, dass es weder hilft, die Machthaber und Bürokratien in Entwicklungsländern durch finanzielle Unterstützung zu stützen, noch einheimische Märkte durch eine Flut von Hilfsgütern zu zerstören. Die größte Chance für die ärmeren Länder dieser Welt liegt darin, dass wir ihnen unsere Märkte öffnen. Dass seit 1990 der Anteil der Weltbevölkerung, die in extremer Armut lebt, von 37 auf unter 10 Prozent zurückgegangen ist, liegt wesentlich an der seit dieser Zeit vorangeschrittenen weltweiten Liberalisierung des Handels. Seit 2001 bzw. 2009 hat die EU zwar ihre Märkte bereits für die etwa 50 ärmsten Länder der Welt komplett geöffnet; doch es gibt noch eine Vielzahl von Hürden, die Produzenten und Händler aus diesen Ländern überwinden müssen. Regulierungen und Standards, die Monat für Monat mehr werden, machen es für sie zum Teil unmöglich, ihre Produkte hierzulande anzubieten. Auch das gehört zum Freihandel: der Abbau von Schranken, die dadurch entstehen, dass kleine Gruppen ihre Vorstellungen über Gesetze und Regulierungen anderen aufdrängen.

Freihandel ermöglicht mehr Teilhabe

Ludwig Erhard bezeichnete den Versuch, den Handel einzuschränken, als »puren Egoismus«. Freihandel schafft eine Vielzahl von Gelegenheiten für Menschen, die bisher von der Teilhabe am gesellschaftlichen Wohlstand und Fortschritt ausgeschlossen waren, auch von diesen Vorteilen zu profitieren. Für die einen werden Produkte und Dienstleistungen günstiger, weil es ein breiteres Angebot und mehr Konkurrenz gibt. Für die anderen ergeben sich neue Gelegenheiten, Geld zu verdienen, indem sie sich neue Märkte erschließen. Dadurch werden auch Ressourcen freigesetzt, die anderswo eingesetzt werden können: Hierzulande kann vielleicht einer für eine nachhaltige Investition sparen, während in einem Entwicklungsland jemand die finanziellen Möglichkeiten bekommt, die Bildung seiner Kinder zu finanzieren. Wohlstand und Fortschritt sind dann nicht mehr ein Privileg kleiner Gruppen, sondern für alle da.

Freihandel fördert Wohlstand

Indem Barrieren abgeschafft werden, ergeben sich ganz neue Möglichkeiten, Arbeitskraft, Talent und Ressourcen zu kombinieren. Je leichter es wird, auch über Grenzen hinweg mit anderen zu kooperieren, umso schneller können Innovationen entstehen. Es entstehen mehr und bessere Produkte zu geringeren Preisen. Es erschließen sich neue Absatzmärkte, und so entstehen auch neue Arbeitsplätze. Dabei steigt nicht nur die Quantität der Produkte, sondern auch die Qualität. Gerade im Blick auf Anliegen wie menschenwürdige Arbeitsbedingungen und umweltschonende Produktionsmethoden besteht inzwischen ein hoher Anspruch in vielen entwickelten Staaten. Wenn westliche Märkte auch Anbietern aus Entwicklungsländern offenstehen, wächst der Druck auf sie, diesen Vorstellungen zu entsprechen. Besser und zielgenauer als jedes Programm internationaler Organisationen kann der Druck der Konsumenten zu einer Verbesserung der Arbeits- und Umweltbedingungen in Entwicklungsländern beitragen.

Freihandel ist ein Prozess des Fortschritts

Der Abbau von Handelsschranken war immer ein steiniger Weg. Das erste Freihandelsabkommen wurde 1860 auf Anregung von Richard Cobden zwischen England und Frankreich formuliert. Es schaffte nicht alle Zölle und Handelsbeschränkungen auf einen Schlag ab, sondern reduzierte diese sukzessive. Auch heute geht es nicht um alles oder nichts, sondern um ein permanentes Reduzieren von Handelshemmnissen. Dabei muss man natürlich manchmal Kompromisse machen. Auch Handelsabkommen und WTO-Vereinbarungen haben mancherlei Schwachstellen. Aber jeder Schritt zu einem freieren Handel ist wichtig. Und unsere demokratischen Institutionen erlauben uns ja zum Glück auch, aus Fehlern zu lernen, so dass wir immer bessere Abkommen schließen können. Die Geschichte der Globalisierung zeigt: diese vielen kleinen Schritte in die richtige Richtung sind Teil eines Fortschritts, der am Ende allen zugutekommt.

Auf die Straße für den Freihandel!

Im 19. Jahrhundert gab es, zunächst in Großbritannien, dann auch in ganz Europa, eine Massenbewegung für den Freihandel. Gerade die einfachen Leute, die Arbeiter und kleinen Unternehmer gingen auf die Straße, um gegen Zölle und Handelshemmnisse zu protestieren. Wer heute die Macht kleiner Interessengruppen einschränken will; wer den Armen hierzulande und in aller Welt neue Chancen ermöglichen will; wer etwas gegen Nationalismus, Fremdenfeindlichkeit und Konflikte tun will – der muss auch heute wieder für den Freihandel auf die Straße gehen. Ein Ende der Abschottungspolitik, nicht nur durch Zölle und Subventionen, sondern auch durch Regulierungen und Standards, kann diese Welt ein Stück besser machen. Es wären Meilensteine auf dem Weg zu jener Welt, die sich Richard Cobden vor 170 Jahren erträumte, als er den Anhängern seiner Freihandelsbewegung zurief: »Ich sehe, dass das Freihandelsprinzip die moralische Welt bestimmen wird wie das Gravitationsprinzip unser Universum: indem es Menschen einander nahebringt; indem es den Gegensatz der Rassen, Bekenntnisse und Sprachen beseitigt; indem es uns in ewigem Frieden aneinander bindet ... wenn die Menschheit erst eine Familie geworden ist und Mensch mit Mensch aus freien Stücken die Früchte seiner Arbeit brüderlich austauscht.«

WOLFGANG CLEMENT

Freihandel in Deutschland: Verantwortung aus Tradition

Mit der Wahl Donald Trumps zum Präsidenten der Vereinigten Staaten haben die Freihandelsgegner in Deutschland Unterstützung aus einer wohl eher unerwarteten Ecke bekommen. Das Ergebnis dürfte sie zufriedenstellen: Der neue Mann im Weißen Haus setzt auf Abschottung. Das transatlantische Freihandelsabkommen zwischen der Europäischen Union und den USA, besser bekannt unter seinem Kürzel TTIP, liegt vorerst auf Eis.

Dabei liegt die Betonung jedoch auf »vorerst«. Politiker und Bürger hierzulande tun gut daran, an der Idee festzuhalten, den transatlantischen Handel auf eine neue Stufe zu heben. Denn Deutschland wäre nicht das wohlhabende Land, das es heute ist, hätte es sich in der Vergangenheit nicht (fast) immer offen für den grenzüberschreitenden Warenaustausch gezeigt. Wie so oft hilft ein Blick in die Geschichte, auch für die künftige Gestaltung dieses Landes die richtigen Entscheidungen zu treffen.

Gemeinhin gelten Länder wie Großbritannien und die Niederlande als klassische Handelsnationen, doch auch Deutschland hat eine lange Tradition des Freihandels: Schon im 12. Jahrhundert schlossen sich niederdeutsche Kaufleute, die im Nord- und Ostseeraum Handel betrieben, zur Hanse zusammen und setzten sich gemeinsam für ihre Interessen ein. Im Laufe der Zeit entwickelte sich diese Hanse zu einem Städtebund, der die Interessen des Freihandels auch politisch vertrat. Noch heute tragen viele deutsche Städte ihren einstigen Status als Hansestadt stolz in ihren Stadtwappen.

Der Einsatz für den Freihandel war gerade im damals zersplitterten Deutschland mit seinen etwa 400 Staaten oder Staatsgebilden und Hunderten, wenn nicht Tausenden von Zollgrenzen bitter nötig. Ein Umdenken begann erst Ende des 18. Jahrhunderts, als in England schon die mechanischen Webstühle ratterten. Den deutschen Reformern galt allerdings nicht nur das liberale Großbritannien als Vorbild, sondern auch der starke Zentralstaat Frankreichs. Beeindruckt von der französischen Effektivität sowohl auf dem Schlachtfeld als auch in der Politik schufen sie zentral regierte Territorien und schraubten die ineffiziente Kleinstaaterei zu Beginn des 19. Jahrhunderts nach und nach zurück.

Ein bedeutender Schritt zur wirtschaftlichen Integration gelang 1834. Der Deutsche Zollverein kann in seiner doppelten Bedeutung für die ökonomische Entwicklung und die politische Einheit gar nicht hoch genug geschätzt werden: Zwar sollte er durch die Abschaffung von Binnenzöllen sowie die Einführung von einheitlichen Maßen und Münzen vor allem den Handel forcieren. Dies ging jedoch mit einer Vertiefung der administrativen und politischen Beziehungen der Mitgliedsstaaten einher. Die Strukturen des europäischen Einigungsprozesses mehr als ein Jahrhundert später waren im Zollverein schon angelegt – was zeigt, welche Kraft der Freihandelsgedanke entfalten kann.

Diese Kraft behielt in Deutschland allerdings nicht durchgängig die Oberhand. Handelsregime sind immer auch Ergebnisse innenpolitischer Prozesse, in denen sich verschiedene Interessengruppen gegenüberstehen. Ende des 19. Jahrhunderts schlug das Pendel mit Bismarcks Schutzzollpolitik zugunsten des Protektionismus aus. Die deutsche Landwirtschaft und die Industrie wollten sich damit gegen den Import von Getreide, Roheisen und Stahl und so auch gegen den Strukturwandel stemmen.

Im Nachhinein betrachtet wäre diese politische Schützenhilfe wohl nicht nötig gewesen. Denn die deutsche Schwerindustrie hatte – insbesondere im heutigen Nordrhein-Westfalen – bereits begonnen, das aufzubauen, was noch heute ihre Stärke ist: die Produktion von hochwertigen Investitionsgütern, von Maschinen und Anlagen. Damit schufen die Unternehmen die Grundlagen für Deutschlands bis zum heutigen Tag anhaltende Exporterfolge. Die industriellen Strukturen und die Innovationskraft der Ingenieure halfen Deutschland schließlich auch, nach dem Zweiten Weltkrieg schnell wieder an den Weltmarkt zurückzukehren und das »Wirtschaftswunder« möglich zu machen.

Die zweite Komponente des Nachkriegsaufschwungs war die Einbettung Deutschlands in ein sich neu ordnendes, liberal geprägtes internationales Gefüge. Unter dem Eindruck des sich anbahnenden »Kalten Krieges« entstanden Institutionen wie die Weltbank, der Internationale Währungsfonds und das GATT (die spätere Welthandelsorganisation), die als multilaterale Organisationen das Klein-Klein bilateraler Verhandlungen ersetzten. In Europa kam zugleich der Prozess der politischen Einigung mehr und mehr in Gang. Auf diesem »alten« Kontinent mit seinen vielen Völkerschaften, Staaten, Regionen und Traditionen – dem Flickenteppich Deutschlands des frühen 19. Jahrhunderts durchaus ähnlich – haben unsere Vorväter in den Jahren nach dem Zweiten Weltkrieg aus der Tiefe der beinahe völligen Zerstörung kommend gelernt, dass der grenzüberschreitende Handel, stabile Währungen und ein verlässlicher politischer Rahmen nicht nur nötig waren, um die Kriegsschäden zu beseitigen, sondern auch, um Frieden und Wohlstand für lange Zeit zu sichern. Mehr als 70 Jahre später kann niemand ernsthaft bestreiten, dass dies in beeindruckender Weise geglückt ist.

Ein wesentlicher Schritt auf diesem Weg war es, Westdeutschland nicht zu deindustrialisieren, sondern mit seiner wirtschaftlichen Stärke in die dafür offene, liberale atlantische Welt aufzunehmen und einzubinden. Die Alliierten haben damit sowohl für die Bundesrepublik als auch für Europa eine wichtige und richtige Entscheidung getroffen. Denn Deutschland hat zum einen mit seinen Investitionsgütern zum Aufschwung der Welt beigetragen, sich zum anderen aber auch kontinuierlich für die europäische Einigung, Währungsstabilität und den Freihandel eingesetzt, indem es etwa nach dem Ende von Bretton Woods das Europäische Währungssystem und die Vertiefung der Europäischen Gemeinschaft voranzutreiben half.

Die Wiedervereinigung und die EU-Osterweiterung haben Deutschland sowohl geografisch als auch politisch unübersehlbar in die Mitte Europas gerückt. Mit dem Euro, dem politischen Vermächtnis Helmut Kohls, ist der größte Währungsraum der Welt entstanden. So sehr man die EU für ihre ausgeuferte Bürokratie, ihre Demokratiedefizite und Bürgerferne auch kritisieren mag, so sehr ist sie doch eines der faszinierendsten und mutigsten politischen Projekte der Gegenwart. Ihre Existenz gründet in der Einsicht, dass das friedliche Zusammenleben von 500 Millionen Menschen unterschiedlicher ethnischer, religiöser und kultureller Herkunft auf vergleichsweise engem Raum nur auf der Grundlage gemeinsamer Werte gelingt: dem Respekt vor der Würde des Einzelnen sowie einer staatlichen Ordnung, die die Freiheit seiner Bürgerinnen und Bürger achtet und gewährleistet, also ihre eigenen Grenzen kennt – kurz, die Werte des Liberalismus und der sozialen Marktwirtschaft.

Im Rahmen der demokratischen Willensbildung wird das Zusammenspiel von Staat und Bürgern immer wieder neu ausgehandelt. Die Stellung der Wirtschaft als wichtiger Teil der Gesellschaft und der Freihandel sind zentrale Themen dieser Auseinandersetzung. Gerade der grenzüberschreitende Handel mit Waren und Dienstleistungen wird dabei oft verkürzt betrachtet – und das nicht nur von seinen Gegnern, sondern gelegentlich auch von seinen Verfechtern, wenn sie jegliches staatliches Handeln als freiheitsgefährdenden Eingriff zu brandmarken versuchen.

Tatsächlich machen verlässliche Rahmenbedingungen sowie wie eine effektive und berechenbare Administration, eine an transparenten Leitlinien orientierte Wirtschaftspolitik und eine zweifelsfrei unabhängige Gerichtsbarkeit den freien Handel erst möglich. Ein dafür ganz offensichtliches Beispiel sind Kartellbehörden, die einschreiten, wenn die Marktmacht einzelner Unternehmen den Wettbewerb zu Lasten von Verbrauchern und der weiteren Marktteilnehmer gefährdet. Nur ein handlungsfähiges und mutiges Kartellamt garantiert Wettbewerb. Der Staat setzt mit alldem den Rahmen, der den Wettbewerb lebendig hält, und ist damit als Akteur zur Gewährleistung eines wirklich freien Handels nicht wegzudenken.

Grenzüberschreitender freier Handel macht also den Staat nicht überflüssig, stellt aber die Aufgabenverteilung zwischen

Staat und Markt immer wieder auf die Probe. Und das kann im Binnenverhältnis durchaus auch regional-, bildungs- oder sozialpolitisch flankierende Maßnahmen erfordern. In einer Zeit globaler Veränderungen von durchaus dramatischer Tiefe und hohem Tempo – wie heute – sollte das unübersehbar sein. Die gegenwärtigen rechtspopulistischen Blähungen in den USA wie in Teilen Europas sind jedenfalls eine Warnung. Wer sie übersieht, hat schließlich die (nicht wenigen) Opfer des von der Globalisierung forcierten Strukturwandels gegen sich. Freier Handel überzeugt nur, wenn der ökonomische Fortschritt, den er unzweifelhaft mit sich bringt, mit gerechten Chancen auf den »Wohlstand für alle« verbunden ist.

Deutschland hat als Exportnation von Weltrang ein überragendes Interesse an freien Märkten. Für uns im Herzen Europas geht es im Ringen um die Formulierung und Realisierung liberaler Werte aber um mehr als das. Offene Märkte bedeuten eben nicht nur einen möglichst barrierefreien Austausch von Waren, Dienstleistungen und Kapital, sondern sie bedingen auch eine staatliche Ordnung, die schwindelfrei ist und die Balance hält, wo es um die Gewährleistung der Freiheit des und der Einzelnen auf der einen und die Sicherung des Gemeinwohls und des Zusammenhalts der Gesellschaft auf der anderen Seite geht.

Seit dem Fall des Eisernen Vorhangs und der Wiedervereinigung hat Deutschland diese Verantwortung mit erheblichem Engagement vor allem auf europäischer Bühne wahrgenommen. Doch die Welt von heute und morgen hat längst neue Herausforderungen bereit. Es wird deshalb immer wichtiger, dass ein sich einiges Europa im Kräftespiel um eine neue Rangordnung der bisherigen Weltmacht USA und der neuen Weltmächte mit China an der Spitze seinen Platz findet und auch selbstbewusst wahrnimmt. Die Bereitschaft und die Fähigkeit, die eigene Sicherheit gewährleisten zu können, gehört unzweifelhaft dazu.

Unser Land ist ohne Zweifel eines der ökonomischen und politischen Schwergewichte in der EU. Das bedeutet mehr Verantwortung, aber sollte nicht zur Selbstüberschätzung verleiten. Den protektionistischen Tendenzen auf globaler Ebene können wir jedenfalls nur gemeinsam mit unseren europäischen Partnern wirksam entgegentreten. Die Erfahrung jedoch, in einer wechselvollen Geschichte stets vom Freihandel profitiert zu haben, sollte uns veranlassen, kräftiger als in den zurückliegenden Monaten Flagge zu zeigen, im Innern wie nach außen. Angesichts einer momentan zunehmenden Zahl von Kritikern und Gegnern des Freihandels ist es sinnvoll, mit offenem Visier für die Werte einzutreten, die Frieden und Freiheit und auf Dauer Fortschritte im Kampf gegen Armut und die großen Krankheiten auf der Welt möglich machen.

REINHOLD VON EBEN-WORLÉE

Freihandel macht's möglich. Familienunternehmer-Know-how verkauft sich weltweit

Familienunternehmer sind Kaufleute, die seit Generationen über alle Grenzen hinweg Handel betreiben. Die Chancen und Risiken, die sich durch die Erschließung fremder Märkte ergeben, sind uns seit langem vertraut. Eine Erfolgsgarantie für den Aufbruch in die Ferne gab und gibt es nicht. Und dennoch ist der Schritt ins Ausland für Familienunternehmen immer mehr zu einer Selbstverständlichkeit geworden. Die Produktions- und Wertschöpfungsketten haben sich aufgrund einer immer spezialisierteren Arbeitsteilung stark internationalisiert.

Deutsche Familienunternehmer haben mit Beginn der Globalisierung offensichtlich die richtigen Weichen gestellt und bieten deshalb heute Produkte und Dienstleistungen an, für die es rund um den Globus eine Nachfrage gibt. Deutsche Produkte sind weltweit nachgefragt, und zwar, weil sie qualitativ in der vordersten Reihe spielen und nicht, weil es Billigheimer-Produkte sind, die z. B. auf Kosten sozialer oder ökologischer Standards hergestellt wurden. Fast zwei Drittel der Mitglieder von »Die Familienunternehmer« unterhalten mittlerweile geschäftliche Beziehungen zum Ausland.

Die Internationalisierung des Mittelstandes ist eine Entwicklung, die von der anglo-amerikanisch geprägten Betriebswirtschaftslehre vor 20 Jahren noch belächelt wurde. Internationalisierung, so lautete damals die Devise, könne nur von großen industriellen Playern umgesetzt werden. Insbesondere während der immer noch nicht überwundenen Finanz- und Euro-Krise hat sich aber gezeigt, dass global vernetzte Familienunternehmen eine Volkswirtschaft stabilisieren. Sie haben sich – auch zum Wohle ihrer Mitarbeiter – als erfreulich robust gegen massive exogene Schocks erwiesen.

Viele Länder, die entweder eine Strategie der Deindustrialisierung gefahren sind oder ihre mittelständischen Strukturen durch eine Industriepolitik zu Gunsten einiger weniger Branchen abgeschafft haben, erwiesen sich bei den letzten großen Krisen als deutlich anfälliger. Nicht ohne Grund beneiden Frankreich und Großbritannien Deutschland um seine international erfolgreichen Familienunternehmen. Ein Großteil der sogenannten Hidden Champions, also meist wenig bekannte Weltmarktführer, sind deutsche Familienunternehmer. Die Entscheidung, sich dem internationalen Wettbewerb zu stellen, hat diese Unternehmen nach vorne gebracht. Sie sind innovativ und haben beispielsweise als Zulieferer gemeinsam mit ihren internationalen Partnern hoch effiziente Prozesse entwickelt, die eine logische Voraussetzung für die Lösungen der Herausforderungen sind, die mit der Digitalisierung einhergehen.

Umso verstörender ist es, wenn dieses Erfolgsmodell zunehmend durch politische Strömungen in Gefahr gebracht wird. In einer Umfrage gaben 40 Prozent der befragten Familienunternehmer an, dass der wachsende Protektionismus ihnen große Sorge bereitet. Die Globalisierung im Sinne einer Verkürzung der Distanzen zum Fremden gerät von zwei Seiten unter Beschuss:

Auf der einen Seite stehen politische Führer wie Donald Trump, die sich von der Renationalisierung wirtschaftlicher Abläufe Beschäftigungswunder und positive Effekte für die Gesellschaft erhoffen. Eine Botschaft, die in Europa in abgewandelter Tonalität auch von radikalisierten Bewegungen verbreitet wird. Menschen, die sich benachteiligt fühlen, sind für diese simplen Botschaften leider sehr empfänglich.

Auf der anderen Seite ist insbesondere in Deutschland eine Enthaltung gegenüber neuen internationalen Chancen und Partnerschaften zu beobachten, die einer gewissen Saturiertheit entspringt. Deutschland geht es vergleichsweise gut und einige denken, diesen Zustand durch Abschottung bewahren zu können. Handelsabkommen zwischen der EU und engen Verbündeten wie Kanada, Japan und den USA sind Verträge unter gleichberechtigten Partnern zum Wohle junger Menschen und kommender Generationen. Angesichts einer katastrophalen Demographie-Prognose stellt sich die Frage, woher in Europa langfristig noch nachhaltige Wachstumsimpulse kommen sollen.

Für uns Familienunternehmer bedeutet eine besser geregelte Marktöffnung die Beseitigung unnötiger Vorschriften und den Abbau von Bürokratie. So werden Gelder und Energie freigesetzt, die wir in die Zukunft der Betriebe und ihrer Mitarbeiter investieren. Sollten dabei, wie von den Gegnern behauptet, tatsächlich Standards gesenkt werden, gehörten deutsche Produzenten sicher zu den größten Verlierern, weil unser Talent und Know-how letztlich vergeudet würde.

Die Abschottung vor der Globalisierung verkennt darüber hinaus die Fakten. Freier Handel ist eine treibende Kraft für weltweites Wachstum und Wohlstand. Seit 1980 hat sich der weltweite Export dank freieren Handels verzehnfacht und zu einer Verdreifachung des weltweiten BIP pro Kopf geführt. Gleichzeitig leben heute viermal weniger Menschen in absoluter Armut als noch vor fast vier Jahrzehnten.

Natürlich kommt es darauf an, dass wir die Globalisierung nicht einfach geschehen lassen. Gesellschaftlich darf niemand dadurch abgehängt werden, dass andere Vorteile erlangen können. Umso wichtiger ist es, dass wir die Regeln der Globalisierung nach unseren, nach deutschen und europäischen Vorstellungen gestalten. Ähnlich wie bei der Digitalisierung wird man den Herausforderungen einer vernetzten Welt nicht gerecht, wenn man sich in vermeintlich übersichtliche Zeiten zurücksehnt. Auch eine Verweigerungshaltung wird nicht dazu führen, dass man mögliche Nachteile der Umwälzungen minimiert. Im Gegenteil, die Prozesse werden ohne unseren Einfluss ablaufen, ohne dass man Stoppschilder aufstellen und Verbesserungsvorschläge machen kann.

Beim Einsatz für den Freihandel geht es aber nicht nur um den unternehmerischen Erfolg im engeren Sinn. Bei der Öffnung gegenüber anderen Ländern und Kulturen geht es auch um eine Geisteshaltung. Der Austausch von Menschen, Ideen und Gütern hat in Europa und großen Teilen der Welt den Frieden und Wohlstand der Völker nachhaltig gefördert. Die Familienunternehmer werden sich gegen den aufkommenden Protektionismus, der diese Errungenschaft aufs Spiel setzten möchte, mit vollem Einsatz zur Wehr setzen.

JÖRG BATEN

Globalisierung, die letzten 200 Jahre

»Freihandel tötet!«, so steht es auf Transparenten, die wieder vermehrt durch europäische und US-amerikanische Innenstädte getragen werden. Selten waren in den letzten Jahrzehnten die Zweifel am Freihandel so groß wie heute. Populistische Politiker und Parteien bemühen sich, zahlreiche Nebenwirkungen von Handel in ihren Kampagnen für Abschottung vom Weltmarkt zu nutzen. Das Absterben von Industriezweigen, nachdem Zollschranken gesenkt worden sind, ist ein vertrautes Leitmotiv der Freihandelskritik. Aber welche Wirkung hat Freihandel genau? Was sind die kurz- und die langfristigen Folgen?

Moderne »Data Mining«-Techniken erlauben es der wirtschaftshistorischen Forschung heutzutage erstmalig, alle Länder in den Blick zu nehmen, um diese Fragen zu klären. Es können Indikatoren gebildet werden, die beispielsweise zeigen, wie sich der Lebensstandard in Westafrika im 19. Jahrhundert entwickelte oder welch überraschende Bildungstrends es in Zentralasien gab. Zahlreiche Beispiele belegen, dass der Freihandel und die wirtschaftliche Offenheit bei guten institutionellen Rahmenbedingungen die erfolgreichere Alternative war und ist.

Gleichzeitig belegen aber Länderstudien zu kurzfristigen Entwicklungen, wie ungünstige Begleiterscheinungen den Freihandelsgegnern Munition lieferten. Es ist spannend zu beobachten, wie die Mechanismen dieser Begleiterscheinungen funktionierten – und wie sie möglicherweise gemildert werden können.

Die »erste Phase der Globalisierung« (1850–1913)

In der ersten Phase der Globalisierung gab es ein einzigartiges Wachstum in den Ländern der »Atlantischen Welt« (Europa und Nordamerika), und auch weltweit übertrafen die Wachstumsraten alle vorangegangenen Epochen der Wirtschaftsgeschichte. Seitdem wurden diese Wachstumsraten nur einmal erreicht – von der zweiten Phase der Globalisierung (beschleunigt seit 1980, bis heute), als die Zahl der Armen in der Welt von zwei Milliarden auf eine Milliarde sank. Allerdings ist diese zweite Phase der Globalisierung seit einem Jahrzehnt von einer Stagnation (auf allerdings hohem Niveau) gekennzeichnet. Es mehren sich die Anzeichen, dass eine Trendwende und eine erneute Deglobalisierung einsetzen könnten. Wie kam es dazu? Gibt es Ähnlichkeit zur ersten Trendwende um 1900?

Die erste Phase der Globalisierung vor dem Ersten Weltkrieg (1850–1913) war zum einen durch rapides Einkommenswachstum geprägt und zum zweiten durch eine Beschleunigung des Humankapitalwachstums, auch in ärmeren Ländern. Dies konnte als Basis für eine Verbesserung des Lebensstandards im 20. Jahrhundert fungieren. Zum dritten wies die erste Phase der Globalisierung aber auch schmerzhafte Nebenwirkungen auf, gerade für die ärmeren Menschen in den weniger wohlhabenden Ländern. Interessanterweise empfanden auch einige soziale Gruppen am anderen Ende der globalen Einkommensverteilung, wie zum Beispiel die Großgrundbesitzer in den reicheren Ländern, diese Entwicklung als bedrohlich.

Wie entwickelte sich das Humankapital in der ersten Phase der Globalisierung, das die Basis für langfristiges Wachstum bildet? Das Osmanische Reich hatte ebenso wie afrikanische und asiatische Königreiche sehr wenig in Bildung investiert. Dies traf zwar auch teilweise auf Nordwesteuropa vor der Industriellen Revolution (also vor 1750) zu. Aber in Teilen Europas hatte sich quasi privat, in den Familien, eine Bildungskultur entwickelt. Dort führte diese Bildungsneigung zu einer veritablen Humankapitalrevolution zwischen 1500 und 1850. Dieser spielerische Wissenserwerb funktionierte in anderen Weltregionen weniger gut, die »Numeracy«-Werte (d. h. die Fähigkeiten, mit Zahlen umzugehen) blieben bis zur Mitte des 19. Jahrhunderts wenig ausgeprägt. Als Indikator für diesen Bereich wird in statistisch wenig dokumentierten Ländern (und frühen Zeiten) oft die Fähigkeit herangezogen, zumindest das eigene Alter genau zu kennen. In der Globalisierungsphase zwischen 1850 und 1913 gab es eine Trendwende, die dazu führte, dass in zahlreichen Regionen Afrikas, Asiens und Lateinamerikas, die anfänglich ein niedriges Numeracy-Niveau hatten, eine erhebliche Steigerung einsetzte, vom Umfang her ungefähr vergleichbar mit der Humankapitalrevolution in Europa.

Neben diesen positiven Entwicklungen der Globalisierungsphase vor 1913 gab es einige negative Trends. Eine Reihe von Nebenwirkungen machten die damaligen Globalisierungsbefürworter nachdenklich. Die betroffenen Einwohner von ärmeren Ländern litten zum Teil katastrophal unter diesen Effekten; beispielsweise verschlechterte sich die Gesundheit in den 1880er-/1890er-Jahren in Afrika und Südostasien dramatisch, was sich etwa an der abnehmenden Körpergröße ablesen lässt. Körpergröße wird in der wirtschaftshistorischen Forschung als Indikator für »biologischen Lebensstandard« benutzt, weil sie mit Lebenserwartung, Gesundheit und anderen wichtigen Komponenten korreliert. Genetische Faktoren hingegen spielen in den meisten Ländern nur auf der Individualebene eine Rolle, nicht jedoch, wenn die Werte von vielen hundert Individuen gemittelt und die Veränderungen über die Zeit betrachtet werden. Die Ursachen für die Abnahme des biologischen Lebensstandards waren unter anderem die Verbreitung von Rinderpest-Epidemien, schlimme Zwangsarbeit in den Kolonialreichen sowie Epidemien von Cholera, Diphterie und weitere Gesundheitsprobleme. Letztere wurden gefördert durch zusätzliche Handelskontakte, die immer auch menschliche Kontakte und damit Ansteckungsrisiken implizieren.

Weitere Nebenwirkungen entstanden durch die Verteilung von industriellen Wachstumszentren. Die durchschnittlichen Einkommen in Südasien und dem Mittleren Osten wuchsen einerseits erheblich durch den Export von Lebensmitteln und Industrierohstoffen; der Export von ägyptischer Baumwolle machte viele ägyptische Grundbesitzer wohlhabend. Aber gleichzeitig entstand eine Tendenz zur Deindustrialisierung in diesen Ländern. In der vorangegangenen Phase, wie etwa um 1800, war zum Beispiel Südasien ein wichtiger Exporteur gewerblicher Güter gewesen. Diese gewerbliche Produktion reduzierte sich erheblich im 19. Jahrhundert, und sie begann sich erst im folgenden Jahrhundert wieder allmählich zu erholen.

Nebenwirkungen für Reiche

Die Nebenwirkungen von Freihandel – und Globalisierung insgesamt – führten in der »ersten Phase der Globalisierung« auch dazu, dass radikale Gegenkräfte unter den reichsten Sozialgruppen entstanden. Kevin O'Rourke und Jeffrey Williamson[1] beschrieben, wie der Verfall der Transportkosten durch Dampfschiffe und viele weitere Innovationen zu drastischen wirtschaftlichen Veränderungen führten. Der dramatische wirtschaftshistorische Umbruch führte dazu, dass es sowohl Gewinner als auch Verlierer gab, selbst wenn der Saldo positiv war. Natürlich hätten theoretisch die Gewinner die Verlierer entschädigen können, aber das passierte (und passiert) selten. Die einfache – und gesamtwirtschaftlich falsche – Lösung bestand darin, den Freihandel zu bekämpfen. Zum Beispiel waren es im Deutschen Reich die reichen Großgrundbesitzer, die zu den engagiertesten Globalisierungsgegnern wurden. Der preußische Adel sah die »Getreideinvasion« aus der neuen Welt und aus dem Russischen Reich mit Sorge, weil die eigene wirtschaftliche Basis und damit die politische Vorherrschaft schwand. Ähnliche Phänomene gab es in zahlreichen anderen Ländern, in denen Großgrundbesitzer sich von Deklassierung bedroht fühlten. Schutzzölle waren der Anfang, und als diese nicht ausreichten, zählte die Sozialgruppe der Großgrundbesitzer zu den glühendsten Anhängern von militärischer Auseinandersetzung.

In der neuen Welt hingegen bestanden die ersten Fabrikbesitzer auf einer Schutzzollpolitik, um die Importe englischer und später deutscher und anderer Industrieprodukte fernzuhalten. Weil man nicht offensichtlich egoistisch argumentieren wollte, wurde die Sorge um die Löhne der Industriearbeiter vorgeschoben, zum Beispiel in den USA: Man müsse die Zölle erhöhen, um im Wettbewerb mit den unterbezahlten Industriearbeitern in Europa bestehen zu können. Mit anderen Worten: erst wenn das Armenhaus Europa seine Sozialstandards erhöhe, könne man die Zölle senken. Ähnlich argumentierten Kanada, Argentinien, Brasilien und andere Länder der Neuen Welt, die erste zaghafte Ansätze von »infant industries« im eigenen Land ermutigen wollten. Gleichzeitig wuchsen Protestparteien gegen Einwanderungen in der Neuen Welt. Diese Gegentendenzen zur Globalisierung waren um 1880 noch schwach, aber sie erstarkten immer mehr bis in die Zeit vor dem Ersten Weltkrieg. Liest man die Formulierungen damaliger Freihandelsgegner, so ähneln sie erschreckend denen der heute erfolgreichen populistischen Parteien (wie beim oben erwähnten Beispiel vom Armenhaus Europa und seinen niedrigen Sozialstandards, mit dem man keinen Freihandel vereinbaren könne). Diese Ähnlichkeit ist deshalb so erschreckend, weil es nach 1913 nicht bei der Abschaffung des Freihandels und der Immigration blieb. Vielmehr entfesselten sich die nationalen Egoismen zu Weltkriegen, die Millionen von Toten und schlimmste Barbarei zur Folge hatten. Die Versprechungen der Freihandelsgegner vom Anstieg des »allgemeinen Wohlstandes im abgeschotteten Land« wurden natürlich niemals erfüllt; vielmehr sank der Lebensstandard für den größten Teil der Bevölkerung dramatisch.

Nach 1945: Zum Beispiel Indien

In der Phase nach den Weltkriegen und der Desintegration der Weltwirtschaft setzte eine allmähliche Wiederbelebung des Welthandels ein. Allerdings nahmen nicht alle Länder daran teil. Ein prominentes Beispiel dafür ist Indien.

Insgesamt hatte Indien eher eine stagnierende Entwicklung zu Beginn der britischen Kolonialzeit in der Mitte des 19. Jahrhunderts. Außerdem gab es katastrophale Hungersnöte in der klimatisch schwierigen Zeit der 1890er-Jahre – die gleichzeitige Intensivierung des Handels führte zu häufigen Epidemien. Diese anfänglichen Schwierigkeiten wurden im Zeitverlauf gemeistert, und gegen Ende der kolonialen Phase verzeichnete man ein leichtes Wachstum. Nach der Dekolonisierung erfolgte jedoch eine radikal skeptische Haltung gegenüber dem Weltmarkt. In dieser Zeit verzeichnete Indien ein sehr unterdurchschnittliches Wachstum des Einkommens und eine Stagnation der Gesundheitsindikatoren.

Teilweise war diese Abschottung gegenüber dem Weltmarkt durch die Art der Befreiungsstrategie von der britischen Kolonialmacht entstanden. Mahatma Gandhi und seine Denkschule beeinflussten einerseits die relativ gewaltarme Dekolonialisierung Indiens bis in die späten 1940er-Jahre, anderseits hatte das Ideal der Selbstgenügsamkeit, der Produktion für den eigenen Bedarf und einer beinahe asketischen Lebensweise auch einen Einfluss auf die Wirtschafts- und Agrarpolitik Indiens von 1950 bis in die 1980er-Jahre: die Zollpolitik etwa betonte die Eigenproduktion und war skeptisch gegenüber einer Öffnung zum Weltmarkt. In der Agrarpolitik war das Ziel, auch die ärmeren Teile der rasant wachsenden Bevölkerung zumindest mit Reis und Getreide zu sättigen. Proteinreichere Lebensmittel galten nicht wenigen einflussreichen Indern als dekadent und unnötig. Als Resultat entwickelte sich die Ernährungsqualität in Indien ungünstig, in einigen Regionen sank sogar die Körpergröße von Frauen von einem niedrigen auf ein sehr niedriges Niveau.

Erst in den 1980er- und 1990er-Jahren, als das Land sich wieder in erheblichem Maß dem Weltmarkt öffnete, kam es zu einer dramatischen Zunahme des Bruttoinlandsproduktes und zahlreicher Gesundheitsindikatoren. Ähnlich wie Indien erging es zahlreichen Ländern im späten 20. Jahrhundert, die aus den zuvor beobachteten Nebenwirkungen den Schluss zogen, dass eine autarke Entwicklung vielversprechender sei.

Die Wirtschaftsgeschichte von Freihandel, Nebenwirkungen und die heutige Debatte

Was lernen wir für heute aus der Geschichte des Welthandels? Die Skepsis gegenüber dem Freihandel ist erheblich und zunehmend. Oft werden verschiedene Aspekte in die Freihandelsdiskussion hineingemischt. Es mag Gründe geben, zum Beispiel Schiedsgerichte skeptisch zu betrachten, wenn große Unternehmen Regierungen zu Milliardenzahlungen nötigen können, falls diese zum Beispiel aus der Kernkraft aussteigen wollen. Dies hat natürlich mit der eigentlichen Idee von Freihandel wenig zu tun. Aber oft werden Begleiterscheinungen und Nebenwirkungen mit der Debatte verknüpft und teilweise stärker gewichtet als der eigentliche Haupteffekt. Ein Blick in die Wirtschaftsgeschichte zeigt, dass die mittel- und langfristigen Wirkungen von Freihandel in der Regel klar positiv waren.

Es mag zudem für einheimische Unternehmen bedrohlich sein, wenn Wettbewerber aus dem Ausland plötzlich auf den Markt drängen. Allerdings wird Freihandel ja in der Regel nicht schlagartig »eingeführt«, sondern meist werden die Handelsschranken allmählich gesenkt, so dass sich die Unternehmen auf die Konkurrenz vorbereiten und ihre Wettbewerber kennenlernen können. Wenn sie trotzdem nicht flexibel genug sind (oder die Mitarbeiter nicht ausreichend gebildet für die bisherigen Branchen), um wettbewerbsfähig zu sein, sind vielleicht andere Branchen besser geeignet für das jeweilige Land. Langfristig kann jedes Land durch Bildungsinvestitionen eine Steigerung des Lebensstandards erreichen, wie in den letzten Jahren zahlreiche Beispiele zeigten. China, Südkorea, Botswana, Costa Rica sind nur einige Beispiele für Länder, die mit einer schwierigen Situation starteten und einen vergleichsweise stabilen Aufschwung erreichten. Freihandel war eine wichtige Voraussetzung in entscheidenden Phasen in der Entwicklung dieser Länder.

Dieser Artikel ist zuerst erschienen im Schweizer Monat Nr. 1041, November 2016.

CLEMENS SCHNEIDER

Richard Cobden: Für die Armen und für den Frieden

»Wenige Männer haben sich durch Wort, Schrift und That so große Verdienste um die arbeitende Klasse erworben, wie Richard Cobden. Sein Leben gehört zunächst England, sein Beispiel aber der ganzen gesitteten Welt. An ihm lernen wir, was persönliche Tüchtigkeit, feste Ausdauer, Reinheit der Sitten, uneigennütziges Wollen erstreben soll und erreichen kann. ... Der Einfluß, den er übte, entstammte vor allen Dingen dem unbedingten Zutrauen in die unerschütterliche Ueberzeugungstreue, als die Quelle seines Handelns.«

Franz von Holtzendorff (1829–1889)

Ein Biotop der Freiheit

Großbritannien war eine der wichtigsten Brutstätten der Entwicklung einer freiheitlichen Gesellschaft. Der Siegeszug der Ideen, die im 18. und 19. Jahrhundert auf der Insel jenseits des Kanals und in ihren (ehemaligen) Kolonien jenseits des Atlantiks entstanden sind, ist bis auf den heutigen Tag unvergleichlich. Marktwirtschaft, Demokratie, Gewaltenteilung, Rechtsstaat, Offene Gesellschaft und individuelle Freiheit, dafür stehen Denker wie John Locke, David Hume, Adam Smith, Adam Ferguson, John Stuart Mill und Lord Acton. Doch nicht nur bedeutende Intellektuelle wurden in dieser fruchtbaren Atmosphäre aus Weltoffenheit, Innovationsfreude und Unternehmergeist angeregt. Insbesondere im 19. Jahrhundert war Großbritannien ein ideales Wirkungsfeld für liberal gesonnene Politiker und Aktivisten, das gipfelte in der Glanzzeit der Liberalen Partei unter dem viermaligen Premierminister William Ewart Gladstone (1809–1898), einer monumentalen Ausnahmepersönlichkeit unter allen Politikern in modernen Demokratien.

Dass ein Politiker wie Gladstone Erfolg haben konnte, der sich durch Prinzipientreue und Individualität auszeichnete, liegt auch maßgeblich daran, dass die politische Szene in Großbritannien seit dem späten 18. Jahrhundert von etlichen Persönlichkeiten geprägt war, die ihre zentralen Anliegen ohne Rücksicht auf persönliche Verluste und aus echtem Idealismus konsequent verfolgt hatten. Jeremy Bentham, Charles Fox, Thomas Clarkson, Charles Grey, Henry Brougham, Granville Leveson-Gower – so lauten die Namen der bedeutenden Vorkämpfer bürgerlicher und individueller Freiheit, die heute viel zu selten in Erinnerung gerufen werden. Drei Bewegungen jener Jahrzehnte hatten besondere Bedeutung im Hinblick auf einen erheblichen Zuwachs an Freiheit und Wohlergehen für weite Bevölkerungsteile: die Bewegung zur Abschaffung der Sklaverei, die zur Emanzipation der Frauen und die Freihandelsbewegung.

Die drei großen Fragen: Sklaverei, Frauenemanzipation und Freihandel

Seit den 1780er-Jahren bildete sich im Vereinigten Königreich im Umfeld der religiösen Bewegung der eine zunehmend gewichtige Opposition gegen die Sklaverei. Insbesondere aufgrund des unermüdlichen und jahrzehntelangen Einsatzes des Abgeordneten William Wilberforce (1759–1833) wurde 1807 im britischen Empire zunächst der Sklavenhandel verboten und 1834 schließlich auch die Sklaverei. Auch die Frauenemanzipation machte große Fortschritte in jener Zeit, auch wenn es noch bis 1928 dauerte, bis den britischen Frauen dasselbe Wahlrecht zuerkannt wurde wie den Männern. Mary Wollstonecraft (1759–1797) war mit ihrer Schrift »Verteidigung der Rechte der Frau« eine bedeutende Vorkämpferin auf diesem Gebiet. Der Philosoph John Stuart Mill setzte sich mitunter Hohn und Spott aus wegen seines entschiedenen Eintretens für die Gleichberechtigung. All diese Persönlichkeiten und ihre Mitstreiter hielten standhaft an ihren Überzeugungen fest und sollten am Ende von der Geschichte recht bekommen.

Die dritte (und späteste) große Reformbewegung war die Freihandelsbewegung, die von Männern wie Richard Cobden (1804–1865), John Bright (1811–1889) und Charles Pelham Villiers (1802–1898) angeführt wurde. Während Sklavenbefreiung und Frauenemanzipation grundlegende Menschen- und Bürgerrechte in den Blick nahmen, war ein zentrales Anliegen der Freihandelsbewegung die Befreiung der armen Bevölkerungsschichten aus der Unterdrückung durch eine gut organisierte kleine Oberschicht.

Welt im Wandel

Der rasant wachsende weltweite Handel im 17. und vor allem 18. Jahrhundert hatte zu enormen Wohlstandssteigerungen geführt, eine immer größere Zahl an Händlern und Handwerkern hervorgebracht und zum Entstehen der modernen Welt der Wissenschaft und Technik, der bürgerlichen Freiheiten und politischen Mitbestimmung wesentlich beigetragen. Gleichzeitig gab es aber auch Verlierer in dieser Welt im Wandel. Im Großbritannien des frühen 19. Jahrhunderts sahen insbesondere die Großgrundbesitzer ihre Felle wegschwimmen. Diese kleine und außerordentlich wohlhabende Gruppe kontrollierte einen großen Teil der Getreideproduktion im Land. Allerdings wuchs mit sinkenden Transportkosten und verbesserten Produktionsmethoden der Druck auf ihre marktbeherrschende Stellung durch günstigeres Getreide aus Osteuropa, Frankreich oder Preußen. Da sie zu jener Zeit noch die bestimmende politische Größe im Land waren, stellte es keine größere Herausforderung dar, staatliche Macht einzusetzen, um sich gegen missliebige Konkurrenz zu schützen. Ab dem Jahr 1815 sorgten die »Corn Laws« dafür, dass Importgetreide mit so hohen Zöllen belegt wurde, dass es noch teurer wurde als das einheimische.

Die europäische Bevölkerung wuchs damals rapide, so dass immer mehr Menschen ernährt werden mussten – in England allein hatte sich die Einwohnerzahl von 8,3 Millionen im Jahr 1801 auf 16,8 Millionen im Jahr 1850 verdoppelt. Gleichzeitig zogen große Bevölkerungsteile vom Land in die Städte. Die Bevölkerung von Manchester, dem Zentrum der Industrialisierung in Großbritannien, versechsfachte sich von 1771 bis 1831. Während die Landbevölkerung früherer Zeiten, wenn auch oft unter schwierigsten Bedingungen, in der Regel noch die Möglichkeit hatte, sich durch Subsistenzwirtschaft selber zu ernähren, waren die Arbeiter und Handwerker in den Städten nunmehr darauf angewiesen, Nahrung zu kaufen. Sie waren mithin den Großgrundbesitzern hilflos ausgeliefert. Die Folge waren schreckliche Hungersnöte und immer wieder massive Unruhen.

Bildungshungriger Bauernsohn

In diese Zeit wurde Richard Cobden hineingeboren. Er kam 1804 als viertes von elf Kindern eines armen Bauern im äußersten Süden Englands zur Welt. Mit 15 Jahren ging er nach London, um im Warenhaus seines Onkels zu arbeiten. Der beargwöhnte den Bildungshunger seines Neffen, der oft nach der Arbeit noch die öffentlichen Bibliotheken aufsuchte, mit einer Mischung aus Unverständnis und Missfallen. Der junge Cobden arbeitete sich freilich nach oben und gründete mit 24 seine erste eigene Firma. Als Unternehmer war er zunehmend erfolgreich, doch füllte ihn dieses Leben nicht aus. Zu sehr beschäftigten seinen Verstand die großen Fragen menschlichen Miteinanders – und zu sehr brachte Ungerechtigkeit sein Herz in Wallung.

1835 veröffentlichte er ein Buch unter dem Titel »England, Ireland, and America«. Es ist ein flammendes Plädoyer für die Begrenzung öffentlicher Ausgaben, Freihandel und Pazifismus. In eine ähnliche Richtung zielte sein im Jahr danach erschienenes Buch »Russia«, das sich insbesondere auch gegen aufkommende nationalistische Ressentiments wandte. Darüber hinaus macht er sich stark für ein besseres Bildungswesen – schließlich hatte er selbst die Erfahrung gemacht, wie wichtig Bildung ist. Bei einem Vortrag, den er zu diesem Thema hielt, traf er auf den sieben Jahre jüngeren John Bright, der sein kongenialer Partner und Freund werden sollte.

Eine Graswurzelbewegung entsteht

Bright gehörte der religiösen Gruppe der an, die bei der Entwicklung von Toleranz und individueller Freiheit eine herausragende Rolle spielten. Sie waren Vorkämpfer der Sklavenbefreiung und der Frauenemanzipation. Sie sind strikte Pazifisten und gründeten unter William Penn (1644–1718) mit der britischen Kolonie Pennsylvania das erste Gemeinwesen mit demokratischer Mitbestimmung, Selbstverwaltung und Gleichheit vor dem Recht. Schon als junger Mann hatte Bright sich für politische Fragen interessiert und engagiert. Cobden und er fanden rasch heraus, wie stark sie übereinstimmten, und gründeten gemeinsam im Jahr 1839 die »Anti-Corn Law League« – eine der frühesten Graswurzelbewegungen der Geschichte.

Während Cobden der strategische Kopf der Bewegung war, wurde der begnadete, mitreißende Redner Bright das Aushängeschild. Wie erfolgreiche Kampagnenführung funktioniert, hatten sie von den Männern und Frauen um William Wilberforce gelernt, die einige Jahrzehnte zuvor erfolgreich die Sklavenbefreiung durchgesetzt hatten. Sie verteilten über neun Millionen Pamphlete, um ihr Anliegen zu erklären, führten im ganzen Land Versammlungen und Demonstrationen durch und konnten Millionen von Unterschriften für ihre Petitionen sammeln. Die Freihandelsbewegung gründet auf der massenhaften Unterstützung seitens der Arbeiter und Armen im Land. Sieben Jahre lang reisten Cobden, Bright und immer mehr Mitstreiter durch das Land, hielten Vorträge, motivierten Bürger und sammelten neue Verbündete um sich. Die dritte Führungspersönlichkeit im Bunde war der Abgeordnete Charles Pelham Villiers, der seit 1837 beharrlich jedes Jahr aufs Neue einen Antrag auf Abschaffung der Getreidezölle ins Unterhaus einbrachte.

Morgendämmerung des Freihandelszeitalters

Der Druck von der Straße brachte die Freihandelsgegner, die Großgrundbesitzer und die Konservative Partei ebenso in die Bredouille wie die zunehmende Empörung in den Leserbriefspalten. Als das Land 1845 von Missernten heimgesucht wurde und in Irland die

Große Hungersnot begann, sah der zaudernde Premierminister Robert Peel die Gelegenheit, die zumindest schrittweise Abschaffung der Zölle durchzusetzen. Im Mai und Juni 1846 stimmten das Unter- und das Oberhaus zu. Drei Jahre später waren die Zölle abgeschafft. In der Folge wurden vielerlei wirtschaftliche Reformen im Vereinigten Königreich durchgeführt und so der Weg frei gemacht für einen erheblichen Wirtschaftsaufschwung. Vor allem die Lage der Arbeiter in den Städten veränderte sich dadurch substanziell. Die Freihändler setzten sich nach dem erfolgreichen Abschluss ihrer Kampagne auch für den Abbau von Kinderarbeit, den Ausbau eines funktionstüchtigen Bildungssystems und kluge Zurückhaltung bei öffentlichen Ausgaben ein.

1859 begann Cobden im Auftrag der britischen Regierung, mit Frankreich Verhandlungen über ein Freihandelsabkommen zu führen. Nach nur drei Monaten stand der sogenannte Cobden-Chevalier-Vertrag. Frankreich baute viele Zölle ab, Großbritannien verzichtete sogar vollständig auf Einfuhrbeschränkungen. Außerdem wurde die Meistbegünstigtenklausel eingeführt: Jeden Vorzug, den einer der beiden Partner einem dritten Land einräumte, musste er auch dem anderen Partner gewähren. Zwei Jahre später schloss Frankreich ein ähnliches Abkommen mit dem Deutschen Zollverein; Belgien, Italien und die Schweiz folgten. Für etwa zwanzig Jahre herrschte in Europa ein immer intensiverer Freihandel, der selbst durch Preußens drei Angriffskriege nicht substanziell gefährdet wurde. Und auch der ab den 1880er-Jahren wieder zunehmende Protektionismus konnte nicht mehr zum alten Status zurückführen, sondern bremste nur die unaufhaltsame Entwicklung. Erst der Erste Weltkrieg und die Zwischenkriegszeit zerstörten für viele Jahrzehnte das Werk der englischen und europäischen Freihändler.

Unbeirrbar gegen Militarismus, Imperialismus und Nationalismus

Cobdens Erfolg war enorm. Seine Unterstützer sammelten 80.000 Pfund, um ihn dafür zu entschädigen, dass sein Einsatz ihn gesundheitlich mitgenommen und finanziell an den Rand des Ruins gebracht hatte. Das Land feierte in den Jahren nach dem großen Erfolg der Bewegung seinen Helden. Auch auf dem Kontinent blickten immer mehr Menschen mit Verwunderung und zunehmender Begeisterung auf den Weg, den der Nachbar im Nordwesten eingeschlagen hatte. Cobden erhielt Einladungen nach Frankreich, Spanien, Italien, Deutschland und Russland. Überall fanden sich Politiker und Aktivisten, die sich die Freihandelsbewegung zum Vorbild nahmen: Frédéric Bastiat und Michel Chevalier in Frankreich, John Prince-Smith und Eugen Richter in Deutschland, Camillo Cavour in Italien und Gustave de Molinari in Belgien.

Lange hielt diese Begeisterung jedoch nicht an. Cobden und Bright hatten nie für den Freihandel um seiner selbst willen gekämpft. Er war für sie Mittel zum Zweck. Denn einerseits befreite er die Arbeiter und Armen von dem Joch des Protektionismus der besitzstandwahrenden Reichen und Mächtigen und trug erheblich zur Verbesserung ihrer Lebensbedingungen bei. Und andererseits würde er aus ihrer Sicht, wie Cobden 1842 in einem Brief schrieb, »unweigerlich, indem er die wechselseitige Abhängigkeit der Länder untereinander sichert, den Regierungen die Macht entreißen, ihre Völker in den Krieg zu stürzen.« Als radikale Pazifisten waren die Freihändler erbitterte Gegner allen Säbelrasselns, allen imperialistischen und nationalistischen Strebens.

Vom Volkshelden zum Außenseiter

Der Zeitgeist in der zweiten Hälfte des 19. Jahrhunderts wandte sich zunehmend gegen sie. Aufrüstung, eine aggressive Außenpolitik und veritabler Militarismus waren die Antwort der Politik auf die rasante Verbreitung nationalistischen Gedankenguts in jener Zeit. Sie sollten zeugen von Stärke und Stolz eines Landes. Kolonien und Eroberungen wurden sowohl aus Prestigegründen begrüßt als auch, weil man glaubte, davon als Land wirtschaftlich zu profitieren. Überall witterte man Feinde, und man sah sich inmitten eines globalen Machtkampfes. Der Krimkrieg (1853–1856) und der Zweite Opiumkrieg (1856–1860) versetzten Großbritannien in Kriegsbegeisterung, und während des Amerikanischen Bürgerkriegs gab es im Land viel Unterstützung für die Seite der Südstaaten.

In dieser Hochstimmung patriotischer Begeisterung stießen die Forderungen nach Abrüstung, Diplomatie, konsequenter militärischer Zurückhaltung und Rückzug aus den Kolonien auf Verachtung. Innerhalb kurzer Zeit wendete sich das Blatt: Eben noch waren Cobden und Bright als Lichtgestalten ihres Landes gepriesen worden. Nun wurden sie plötzlich in Zeitungen der Lächerlichkeit preisgegeben, von ihren eigenen Parteifreunden gemieden und mitunter zur Zielscheibe öffentlichen Hasses. Doch Cobden stellte seine Ideale stets vor sein persönliches Wohlergehen – Gier, Machtstreben und auch nur Eitelkeit waren ihm fremd. So ließ er sich auch trotz der Verachtung, der er zeitweise ausgesetzt war, doch immer wieder in den Dienst nehmen, wenn es darum ging, die Sache des Freihandels, der Völkerverständigung und des Wohlstands für alle voranzubringen.

Die wahren Helden

Richard Cobden starb viel zu früh mit nur 60 Jahren im April 1865. Der französische Außenminister Édouard Drouyn de Lhuys schrieb der britischen Regierung: »Vor allem anderen ist er in unseren Augen der Vertreter jener Geisteshaltung und kosmopolitischen Prinzipien, vor denen nationale Grenzen und Rivalitäten verschwinden. ... Cobden war, wenn ich das so sagen darf, ein internationaler Mensch. ... Frei von nationalen Vorurteilen wie auch von solchen, die sich aus Erziehung und Klassenzugehörigkeit ergeben können, setzte sich Richard Cobden für die Reformen ein, die aus seiner Sicht für sein Land nützlich und für die Menschheit von Vorteil waren – mit einer Selbstlosigkeit und Aufrichtigkeit, der man nur mit Ehrfurcht begegnen kann.« Sein geistiges Erbe lebte weiter, insbesondere in den Aktivitäten seiner Gefährten John Bright und Charles Pelham Villiers sowie im Wirken des Premierministers William Ewart Gladstone.

Die Geschichtsschreibung tut solchen Personen über die Zeiten hinweg viel Unrecht. Viele Historiker schreiben über Geschichte entlang der erfolgreichen Herrscher und Feldherren. Ihre Darstellung der Vergangenheit orientiert sich an Caesar und Ludwig XIV., an Napoleon, Bismarck und Stalin. Es ist die Geschichte von Schlachten und Ränkespielen, von Verrat und Manipulation, von Feuer, Schwert und Gift. Man sollte viel stärker auf die Wollstonecrafts, Wilberforces und Cobdens der Geschichte blicken. Sie sind die wahren Helden der Zivilisation und der Menschheit. Sie wirkten durch die Kraft der Feder und die Macht des Arguments, durch Geduld und Mut, Idealismus und Opferbereitschaft. Und ihr Einsatz hat wirklich das Antlitz der Erde zum Besseren verändert. Denn sie wurden angetrieben von dem Ziel, das Cobden in einer Rede Anfang 1846 in Manchester formulierte: dass der Gegensatz zwischen den Rassen, Bekenntnissen und Sprachen beseitigt wird; dass die Menschen in ewigem Frieden aneinandergebunden werden; und dass die Menschheit eine Familie wird.

Literatur

Doering, Detmar, Mythos Manchestertum, Berlin 2006.

Edsall, Nicholas C., Richard Cobden. Independent Radical, Cambridge 1986.

Holtzendorff, Franz von, Richard Cobden, Frankfurt a. M. 2016.

Lammers, August, Die geschichtliche Entwicklung des Freihandels, Frankfurt a. M. 2016.

RICHARD COBDEN

Über die vollständige und sofortige Abschaffung der Getreidezölle

Auf dem Höhepunkt der Kampagne gegen die Getreidezölle, im Januar 1846, hält Cobden in Manchester eine leidenschaftliche Rede bei einer Zusammenkunft der Anti-Corn Law League in Manchester. Zwölf Tage nach dem Treffen kündigt der britische Premierminister Robert Peel die schrittweise Abschaffung der Getreidezölle an:

Ich will die Worte, die ich anlässlich dieses Treffens an Sie zu richten habe, damit beginnen, einen gemeinsamen Beschluss vorzuschlagen – etwas, was ich sonst eigentlich nicht tue. Und zwar: »Die Händler, Produzenten und alle anderen Mitglieder der Anti-Corn Law League fordern keinerlei Schutz ein für die Güter und Waren, die in diesem Land hergestellt werden. Und sie wollen, dass die Schutzzölle, die gegenüber auswärtigen Produzenten noch hochgehalten werden, aus unseren Gesetzen für immer getilgt werden.«

Gentlemen, falls irgendwer von Ihnen es auf sich genommen hat, sich durch die Berichte der sogenannten Protektionisten-Treffen zu arbeiten, die in letzter Zeit abgehalten wurden, dürften Sie bemerkt haben: Unsere Gegner haben ihre Fehler endlich eingesehen und die Getreidezölle über Bord geworfen – nachdem wir sieben Jahre lang dafür gekämpft haben. Und nun, da wir kurz vor dem Sieg stehen, wollen sie eine neue Position einnehmen. Sie haben damals schon ziemlich geflunkert, als sie behauptet haben, die Getreidezölle seien der Ausgleich für bestimmte Lasten. Heute sagen sie, dass sie Schutz nur als Teil des Gesamtwohls wollen, und bezeichnen sich als Fürsprecher der heimischen Industrie in allen unterschiedlichen Gewerbezweigen. Zugleich wenden sie sich an die weniger gut informierten Teile der Öffentlichkeit mit der Behauptung, die Anti-Corn Law League setze sich lediglich für Freihandel bei Getreide ein, wolle aber das Monopol der Fabrikanten erhalten.

Der Beschluss, den ich Ihnen heute Abend vorgelegt habe bei diesem Treffen – ich muss sagen: mit Abstand das Größte, das ich jemals in diesem Raum sah; und es sind ja wirklich Leute jedes Stands und jeder Berufsgruppe hier –, der Beschluss soll ein für alle Mal festlegen, ob diese Behauptung unserer Gegner zutrifft. Der Beschluss ist inhaltlich nicht neu. Ganz am Anfang unserer Kampagne, als sich im Dezember 1838 in jedem kleinen Raum der Handelskammer in King Street eine zaghafte Stimme erhob und die vollständige und sofortige Abschaffung der Getreidezölle forderte; als der Ball anfing zu rollen, der seitdem immer mehr an Kraft und Geschwindigkeit zunahm – damals hat ja wohl unser Antrag eindeutig festgehalten, dass diese Gemeinschaft keinerlei Schutz für die eigene Wirtschaft wollte. Ich lese hier einmal den Schluss dieses bewundernswerten Antrags vor:

»Wir glauben, dass eines der Prinzipien ewiger Gerechtigkeit das unveräußerliche Recht jedes Menschen ist, die Früchte seiner Arbeit mit denen anderer Menschen auszutauschen. Und dass es unvernünftig und nicht zu rechtfertigen ist, die Praxis beizubehalten, einen Teil einer Gemeinschaft auf Kosten aller anderen Teile zu schützen. Darum beschwören die Unterzeichner das ehrwürdige Haus eindringlich, alle Gesetze abzuschaffen, die sich auf den Import von Getreide und anderen Lebensmitteln beziehen. Und wir bitten darum, dass die wahren und friedlichen Prinzipien des Freihandels in vollem Umfang angewandt werden, sowohl in Bezug auf Landwirtschaft als auch auf die Industrie, indem alle bestehenden Hindernisse aus dem Weg geräumt werden, die den ungehinderten Einsatz von Arbeit und Kapital beschränken.«

Seitdem haben wir bei all unseren großen Delegiertentreffen in London jedes Mal ähnliche Anträge verabschiedet. Ich bringe diesen Antrag nicht zur Sprache, um mich an die Protektionisten zu wenden. [...] Wir wenden uns nicht an sie, sondern an einen sehr großen Teil der Bürger, die in der Debatte keine führende Rolle einnehmen, aber als sehr wichtige Zaungäste beachtet werden sollten. Viele wurden wohl irregeleitet durch die dauernden Behauptungen unserer Gegner. Und es ist höchste Zeit, sie zu überzeugen und ihnen die Gelegenheit zu geben, sich uns anzuschließen, indem ich diesen Beweis unserer Uneigennützigkeit vorlege und zeige, dass unsere Vorschläge fair sind.

Ich muss nicht ausgerechnet hier jemanden mit dem Argument überzeugen, dass Schutz für alle gleichbedeutend ist mit Schutz für niemanden. Wenn man aus der Tasche des einen Geld nimmt und ihm zugesteht, sich dafür zu entschädigen, indem er den entsprechenden Betrag jemandem anderen aus der Tasche zieht; und wenn dieses Prinzip sich durch die ganze Gesellschaft zieht, dann ist das nur ein plumper Versuch, alle zu berauben, um am Ende niemanden zu bereichern. Und die einzige Auswirkung ist, dass es den Unternehmen in jeder Hinsicht die Hände bindet. Ich werde nicht ein weiteres Wort dazu sagen müssen, um Sie zu überzeugen. Der einzige Grund, warum ich noch mehr sagen werde, ist, dass die Worte, die ich hier spreche, anderswo Menschen überzeugen könnten. [...]

Meine Güte, was haben diese Protektionisten für ein Aufsehen um sich gemacht! Wenn man sieht, wie lang die Reden sind, von denen berichtet wird, könnte man meinen, die ganze Gesellschaft sei aufgewühlt. [...] Dabei bezweifle ich ernsthaft, ob sämtliche Besucher der Protektionisten-Treffen im vergangenen Monat diesen Raum überhaupt füllen könnten. [...]

Nun gut, wir müssen mit unseren protektionistischen Gegnern irgendwie umgehen. Doch wie glücklich können wir uns schätzen, dass sie die Frage des Freihandels so auf die Agenda gesetzt haben, dass man in den letzten Monaten überall darüber spricht! Wir können kein Dampfschiff besteigen und kein Zugabteil, ja, noch nicht einmal einen Omnibus betreten, ohne dass jeder sofort fragt, oft bevor er überhaupt seinen Schirm abgestellt hat: »Und, was gibt es Neues über die Getreidezölle?« Wir hier erinnern uns ja noch, wie schwierig es zu Beginn unserer Kampagne war, Leute dazu zu bringen, sich mit diesem Thema zu beschäftigen. Und jetzt sind alle Zeitungen voll von dem Thema. [...] Und wenn wir uns klarmachen, dass die ganze Gesellschaft daran beteiligt ist, die Debatte zu verfolgen und die vielen Argumente gegeneinander abzuwägen, können wir uns kaum mehr wünschen. [...]

Die Länder Europas leiden unter demselben Übel wie wir. Sie leiden heute unter Knappheit wegen ihrer absurden Gesetze. Bezüglich der Getreidezölle ist Europa vollständig von dem furchtbaren Beispiel Englands verdorben worden. Da haben wir einen Kontinent, der jedes Jahr um vier bis fünf Millionen Menschen wächst – und die Länder dort haben nichts Besseres zu tun, als, genau wie wir, Hindernisse zu errichten und so das Unterfangen zu vereiteln, die wachsende Bevölkerung mit genügend Getreide zu versorgen.

Ich bin überzeugt: Wenn man die Getreidezölle ernsthaft abschafft und Freihandel in der Reinform einführt, dann wird es in ganz Europa nicht einen Zoll geben, der nicht in fünf Jahren verändert wird, um unserem Beispiel zu folgen. [...] Lasst uns die Getreidezölle sofort abschaffen, lasst Fremde erkennen, wie der englische Markt in seinem Naturzustand funktioniert, dann können sie jedes Jahr und jede Erntezeit aufs Neue einschätzen, wie hoch wohl die künftige Nachfrage nach importiertem Getreide in diesem Land sein wird. Dadurch vermeiden wir Fehlkalkulationen bezüglich der Nachfrage genauso wie eine Serie von Missernten, auf die man spekulieren könnte. Das Angebot wird von der Nachfrage bestimmt werden und wird den Zustand erreichen, der am besten Hungersnöte und Überproduktion vermeidet. Gerade um der Bauern willen fordere ich deshalb die sofortige Abschaffung dieses Gesetzes. Ein Bauer wird nie auf Augenhöhe mit seinem Gutsherrn über seine Pacht oder Jagd verhandeln können, bis dieses Gesetz ein für alle Mal abgeschafft worden ist. [...]

Ich habe Ihnen nun gesagt, was man tun könnte und wofür ich mich einsetzen würde. Aber ich muss auch feststellen: Was auch immer Sir Robert Peel[2] vorschlägt – als Freihändler haben wir nur einen Kurs zu verfolgen. Falls er die vollständige, sofortige und bedingungslose Abschaffung der Getreidezölle fordert, gehören ihm unsere Begeisterungsstürme. Wenn er irgendetwas anderes vorschlagen sollte, dann wird Mr Villiers[3] wie stets zur Stelle sein, um seinen Antrag einer vollständigen und sofortigen Abschaffung der Getreidezölle einzubringen. [...]

Gentlemen, ich sage es Ihnen ganz ehrlich: Mich kümmert wenig, was dieses Parlament wohl tun wird. Die Ansichten der Parlamentarier und die Absichten des Premierministers und seiner Regierung interessieren mich viel weniger als das, was bei einem Treffen wie diesem gedacht wird und was die Menschen draußen auf der Straße bewegt. Unser Anliegen wird nicht von Ministern oder dem jetzigen Parlament durchgesetzt, sondern von dem Willen des ganzen Landes. Wir werden nichts tun, was uns auch nur um Haaresbreite von dem Felsen entfernen könnte, auf dem wir ohne Wanken seit sieben Jahren stehen. Alle anderen Parteien fanden sich im Treibsand wieder und wurden von jeder Welle, allen Gezeiten und Winden hin- und hergetrieben: einige drifteten in unsere Richtung, andere sind zerstreut über den Ozean ohne Steuerruder und ohne Kompass. Wir aber stehen auf festem Boden, und keine Verlockung, nicht von anderen Parteien oder von Ministern, wird uns je dazu bringen, auch nur um Haaresbreite zu weichen.

Es ist mir ein großes Anliegen, darin versichert zu werden auf diesem letzten Treffen, bevor wir ins Parlament gehen. Bevor wir jene Arena betreten, auf die in den nächsten Wochen alle ihre Aufmerksamkeit richten werden. Es ist mir sehr wichtig, dass nicht nur wir alle uns darin einig sind, sondern dass auch nach außen hin deutlich wird, dass wir eine so unabhängige und alleinstehende Stellung einnehmen wie zu Beginn unserer Bewegung. Wir haben nichts zu schaffen mit den Whigs oder Tories. Wir sind stärker als beide. Und wenn wir unseren Prinzipien treu bleiben, werden wir im Zweifel auch beide Parteien besiegen können. Und ich hoffe, dass wir inzwischen wirklich verstehen, dass wir bei unserem Einsatz für diese große Sache kein anderes Anliegen haben als dieses eine, dem wir uns von Beginn an mit ganzem Herzen verschrieben haben. Es mag sein, dass unsere Gegner uns unterstellen, noch eine andere Agenda zu haben. Aber, Gentlemen, zu so etwas habe ich niemals ermutigt. Einige meiner Freunde haben gesagt: »Wenn deine Arbeit verrichtet ist, wirst du erheblichen Einfluss im Land haben, und dann musst du dies und jenes tun.« Und so wie ich ihnen damals geantwortet habe, sage ich auch heute: »Jedes neue politische Prinzip muss seine eigenen Anwälte haben, so wie jeder neue Glaube seine eigenen Märtyrer braucht.« Es ist ein Fehler zu glauben, dass diese Organisation irgendeinem anderen Zweck zugeführt werden könnte. Es ist ein Fehler anzunehmen, dass Leute, die sich für das Prinzip des Freihandels stark gemacht haben, sich anschließend mit derselben Durchsetzungskraft auf irgendein anderes Prinzip einigen könnten. Es wird völlig ausreichen, wenn die Liga den Triumph des Prinzips erreicht, das hier vor uns liegt.

Ich habe nie eine eingeschränkte Sicht auf den Gegenstand oder das Ausmaß dieses großen Prinzips gepflegt. Ich habe mich der Frage nie wie ein Krämer genähert. Mir wurde allerdings vorgeworfen, ich sähe zu stark auf materielle Interessen. Ich kann jedoch sagen, dass ich einen so breiten und umfassenden Blick auf die Auswirkungen dieses großartigen Prinzips habe wie nur wenige Männer, die über ihrem Nachdenken ins Träumen geraten sind. Ich glaube, dass der rein materielle Nutzen, der sich aus dem Erfolg des Prinzips ergeben wird, noch der kleinste Nutzen für die Menschheit sein wird.

Ich richte meinen Blick weiter: Ich sehe, dass das Freihandelsprinzip die moralische Welt bestimmen wird wie das Gravitationsprinzip unser Universum: Indem es Menschen einander nahebringt; indem es den Gegensatz der Rassen, Bekenntnisse und Sprachen beseitigt; indem es uns in ewigem Frieden aneinanderbindet. Und ich habe noch weiter geschaut. Ich habe spekuliert, ja wohl geträumt, von einer fernen Zukunft, vielleicht in tausend Jahren. Ich habe darüber spekuliert, was das Ergebnis davon sein mag, dass dieses Prinzip obsiegt. Ich glaube, dass es das Antlitz der Erde verändern wird, indem es ein Prinzip des Regierens hervorbringen wird, das sich vollständig vom derzeitigen unterscheidet. Ich glaube, dass das Streben nach großen und mächtigen Reichen absterben wird; das Streben nach gigantischen Heeren und bedeutenden Flotten; nach den Mitteln, die benutzt werden, um das Leben zu zerstören und um die Früchte der Arbeit zu verwüsten. Ich glaube, dass all das nicht mehr nötig sein wird und auch nicht mehr angewandt wird, wenn die Menschheit erst eine Familie geworden ist und Mensch mit Mensch aus freien Stücken die Früchte seiner Arbeit brüderlich austauscht.

Ich glaube – sollte es uns gewährt werden, noch einmal auf dieser Erde zu wandeln –: Wir würden in einem weit entfernten Zeitalter sehen, wie das politische System sich wieder auf das Regieren in kleinen Einheiten zurückbesonnen hat. Ich glaube, dass der Philosoph, der in tausend Jahren lebt, die bedeutendste Revolution, die in der Geschichte der Welt jemals stattgefunden hat, zurückverfolgen wird zum Durchbruch jenes Prinzips, für das zu kämpfen wir hier heute zusammengekommen sind. Ja, ich glaube fest an all diese Dinge. Doch habe ich all meine Träumc und Spckulationcn niemals jemandem aufgezwungen. Ich habe in dieser Frage niemals in meinem eigenen Interesse gehandelt. Ich habe kein Interesse daran, mich mit Parteien zu verbünden, erwarte keine Gefälligkeiten von ihnen und nehme auch keine an. Das Prinzip ist mir heilig und darum ist für mich ganz klar: ich werde niemals Kompromisse machen. Ich werde niemals in den Verdacht geraten, etwas anderes zu tun, als dieses Prinzip zu verfolgen – selbstlos, aufrecht und entschlossen.

Übersetzung: Clemens Schneider

FRANK SCHÄFFLER

Die wahre Botschaft des Freihandels

Trump und Campact sitzen im selben Boot

Der Freihandel hat es schwer. So schwer wie schon lange nicht mehr. Man kann so schön gegen ihn polemisieren. US-Präsident Donald Trump hat mit seiner Kritik an den »Billigimporten« aus China sogar die Präsidentschaftswahl gewonnen. Arbeitsplätze seien in Amerika dadurch verloren gegangen. Jetzt schimpft er mit den gleichen Argumenten auf Deutschland. Die Kritik bei uns kommt vielfach aus der linken und rechten Ecke. Unsere Standards würden in den Entwicklungs- und Schwellenländern nicht eingehalten, daher könnten sie so billig produzieren – so viele Linke. Arbeitsplätze für Deutsche gingen verloren – so viele Rechte. Die Kritiker haben aus der Geschichte nichts gelernt.

Die Weltwirtschaftskrise in den 20er- und 30er-Jahren veranlasste die amerikanische Politik, ähnlich zu reagieren wie heute. Nach einem Konjunktureinbruch 1924 ermöglichte die amerikanische Notenbank »Fed« eine massive Kreditausweitung der Banken, die zu einer Blase an den Finanzmärkten führte, die dann 1929 im Börsencrash ihren Höhepunkt fand. Anschließend senkte die Fed die Notenbankzinsen auf ein historisch niedriges Niveau von zuletzt zwei Prozent und kaufte massiv US-Staatsanleihen auf. Innerhalb eines Jahres stieg ihre Bilanz um 350 Prozent. Die Regierung Hoover und der US Congress reagierten mit dem Schutz der heimischen Industrie vor ausländischen Wettbewerbern. Es war das Ende des Freihandels auf der Welt. Der Smoot-Hawley Tariff Act im Juni 1930 führte für über 20.000 Artikel Schutzzölle ein, auf die die betroffenen Staaten mit Gegenmaßnahmen reagierten. Das bereits wiedereinsetzende Wachstum brach jäh zusammen. Der Welthandel schrumpfte. 1938 lag sein Volumen um 60 Prozent unter dem Wert von 1929.

Die Forderung, die westliche Welt dürfe Kinderarbeit, schlechte Arbeitsbedingungen und Raubbau an der Umwelt nicht akzeptieren, ist gut gemeint, führt aber oft zu falschen Schlüssen. Die Argumente sind zwar vordergründig stichhaltig: Wer will schon Kinderarbeit? Wer will schon, dass die Umwelt zerstört wird? Doch wird oft vergessen, dass unsere Verhältnisse auch nicht über Nacht entstanden sind. Kinderarbeit war bis Anfang des vergangenen Jahrhunderts in Deutschland erlaubt, in der Schweiz bis weit in die 1950er-Jahre hinein. Die Industrialisierung in Europa war auch ein Raubbau an der Natur. Erst der technische Fortschritt brachte Wohlstand für breite Schichten der Bevölkerung. Erst die auf Wettbewerb basierende Marktwirtschaft hat die Arbeitsbedingungen und auch die Umweltstandards mit der Zeit verbessert. Diese Effekte sind die Folge des Freihandels. Es ist paradox, sie zur Bedingung machen zu wollen.

Der erhobene Zeigefinger vieler Freihandelsgegner ist arrogant und zynisch, weil sie billigend in Kauf nehmen, dass unsere Standards häufig der Verbesserung der Lebenssituation in den Entwicklungsländern im Wege stehen. Viel lieber wollen sie Entwicklungshilfe leisten, die nicht hoch genug sein kann, um dem eigenen Seelenheil zu dienen. Lieber korrupten Regierungen in Afrika den Haushalt finanzieren, anstatt die Märkte in der EU für alle Produkte zu öffnen. Es ist wie ein neuzeitlicher Ablasshandel, der vielleicht ein gutes Gewissen macht, aber die Probleme nicht löst.

Wenn Entwicklungshilfeminister Gerd Müller einen Marshall-Plan für Afrika fordert, dann potenziert er die Problematik. Er will die Entwicklungshilfe dadurch verbessern, dass sie auf die Länder konzentriert wird, die »sichtbare Fortschritte« bei »guter Regierungsführung, Rechtssicherheit, Korruptionsbekämpfung« machen. Das Scheitern dieser Form der Entwicklungshilfe ist längst belegt. Das Modell »Zuckerbrot und Peitsche« funktioniert meist nicht, weil ein kultureller Wandel nicht durch Zwang passiert, sondern eine innere Einsicht bei den Menschen voraussetzt. Anstatt Afrika immer mehr an den Tropf der Industrieländer zu hängen, wäre es besser, wenn sich Deutschland einseitig innerhalb der EU für den Abbau von Handelshemmnissen einsetzen würde.

Falsche Freunde des Freihandels

Innerhalb der EU stolpert der Freihandel auch über seine falschen Freunde. Die heimische Autoindustrie gehört dazu. Ihr Präsident Matthias Wissmann äußerte vor einiger Zeit in einem Interview, er sei »tief besorgt wegen der protektionistischen Tendenzen« nicht nur in den Vereinigten Staaten, sondern auch in Großbritannien. Das klingt auf den ersten Blick freihändlerisch und marktwirtschaftlich. Der Kunde soll entscheiden, ob er sich lieber einen Toyota, einen Mercedes, einen Chevrolet oder einen Fiat kaufen will. Wenn ein Land diese Entscheidung durch Einfuhrzölle beeinflusst, dann ist das nicht nur für den Kunden schlecht, der plötzlich mehr für dieses Auto bezahlen muss, sondern es nimmt auch der heimischen Industrie den fortwährenden Anpassungsdruck und macht sie träge und satt.

Es ist vollkommen unverständlich, dass Autoimporte aus Amerika in die Europäische Union mit einem zehnprozentigen Einfuhrzoll belegt werden. Begründet wird das damit, dass auch europäische Hersteller in den USA Einfuhrzölle bezahlen müssen (freilich niedrigere!). Doch das ist eine falsche Sichtweise. Einfuhrzölle der EU schaden direkt den Bürgern in der EU. Sie schaden den Bürgern in den USA nur mittelbar, wenn sie bei dem dortigen Unternehmen arbeiten oder Aktien halten. Doch in der EU sind alle Bürger betroffen. Ihr Angebot am Markt ist unmittelbar verzerrt. Auf bestimmte Waren wird faktisch eine Sondersteuer erhoben, um sie unattraktiver gegenüber anderen zu machen. Das beschränkt und beeinflusst das Angebot für alle Bürger.

Letztlich kassiert die EU von den Bürgern ohne sachlichen Grund ab. Das ist nicht unerheblich. Sämtliche Zolleinnahmen gehen als sogenannte »Eigenmittel« in den Haushalt der EU. Allein aus dem Warenverkehr mit den USA kassiert die EU so drei Milliarden Euro von amerikanischen Unternehmen bzw. den europäischen Verbrauchern.

Wissmann ist aber ein falscher Freund des Freihandels, weil er gleichzeitig Großbritannien nach dem Brexit den Zugang zum Europäischen Markt verwehren will. Die Autohersteller hätten »auch eine europapolitische und staatspolitische Verantwortung«, lässt er sich zitieren. Und noch deutlicher: »Ein freier Handel mit Großbritannien ist für uns sehr wichtig. Aber noch wichtiger ist für uns Europa als Ganzes und dass der EU-Binnenmarkt nicht beschädigt wird.« In Trump-Sprech würde das heißen: America first. Mehr »Verkumpelung« mit der Politik geht nicht.

Jedoch ist das Bekenntnis zu »America first« leider kein Paradigmenwechsel, sondern die Regel. Im Nachgang der Finanzkrise 2007/08 verschärfte die Obama-Administration 2009 die bereits bestehende »Buy American«-Klausel für das öffentliche Beschaffungswesen. Solange das Angebot des amerikanischen Anbieters nicht 25 Prozent teurer als ein vergleichbares Wettbewerbsangebot ist, muss der amerikanische Anbieter den Zuschlag erhalten. Dieses industriepolitische Vorgehen für die heimische Industrie ist auch nicht auf Amerika beschränkt. Frankreich verband seine Hilfe für die Automobilindustrie in dieser Zeit mit der Forderung, dass keine Werke in Frankreich geschlossen werden dürften.

Dennoch macht die Automobilindustrie einen fundamentalen Fehler. Sie macht sich zum Büttel der Politik. Sie verteidigt ein System, das sie bei anderen kritisiert. Selbst wenn man sich in die Niederungen der Exportbilanz deutscher Unternehmen begibt, kann ein Lobbyverband eigentlich kein Interesse daran haben, für Abschottung zu plädieren. Der Anteil deutscher Exporte in Schwellenländer hat sich in den letzten zehn Jahren fast verdoppelt und auch in die übrigen Industrieländer außerhalb der EU signifikant erhöht. Und wenn nur der gemeinsame Währungsraum betrachtet wird, dann findet seit der Euro-Einführung 1999 ein ständiger Niedergang der Exportrate in die übrigen 17 Euro-Staaten statt. Aus Eigeninteresse müsste die Automobilindustrie eigentlich für den Abbau von Handelshemmnissen der EU sein.

Nur wer glaubhaft die Idee der Marktwirtschaft vorlebt, kann andere davon überzeugen. Vielleicht sollte sich der ehemalige Bundesverkehrsminister Matthias Wissmann am ersten Bundeswirtschaftsminister Ludwig Erhard ein Beispiel nehmen. An die Adresse seines heftigen Gegenspielers, des ersten BDI-Präsidenten Fritz Berg, sagte der Wirtschaftsminister: »Es gibt keinen freien Markt ohne freie Preise und freien Wettbewerb. Der Marktpreis ist der einzig faire. Er lässt sich nicht errechnen, weder von Vertretern des Staates noch der Industrie.«

Schiedsgerichte sind wichtig

Kritiker des Freihandelsabkommens TTIP und CETA haben insbesondere die ihrer Ansicht nach undemokratischen Schiedsgerichte beklagt. Von links bis rechts gehen Tausende auf die Straße und malen die Knechtschaft des Kapitalismus an die Wand. Sozialabbau und Umweltverschmutzung seien die Folgen, und die Großkonzerne würden sich über internationale Schiedsgerichtsverfahren am Steuerzahler schadlos halten. Die Kritiker beklagen, dass die Schiedsverfahren nicht öffentlich sind, es keine Revisionsmöglichkeit vor ordentlichen Gerichten gibt und dass die Richter nicht hauptamtlich sein müssen.

Schiedsgerichte sind allerdings grundsätzlich sinnvoll und hilfreich. Sie sind auch nichts Ungewöhnliches. Der Kaninchenzüchterverband hat eins, der »Bund für Umwelt und Naturschutz« (BUND) hat eins und der Deutsche Gewerkschaftsbund hat auch eins. Deren private Gerichte tagen auch nichtöffentlich, ihre Richter müssen auch nicht im Hauptberuf Richter sein, und eine Revision vor einem ordentlichen staatlichen Gericht ist ebenfalls nicht möglich. Kein Vereinsmeier und kein Gewerkschaftsfunktionär käme deshalb auf die Idee, diese privaten Schiedsgerichte an einen staatlichen Gerichtshof zu verlagern. Und der DGB würde mit Recht sagen: »Was interessiert das den Deutschen Arbeitgeberverband, wie wir unsere internen Streitigkeiten beilegen?«

Internationale Schiedsgerichte schützen Eigentümer vor dem willkürlichen Zugriff des Staates auf ihr Hab und Gut. Das passiert nicht nur in Bananenrepubliken oder bei despotischen Herrschern, sondern überall, wo der Rechtspositivismus wütet. Immer dann, wenn sich politische Mehrheiten ändern und die neuen Machthaber aus ideologischen Gründen das Eigentum Einzelner aushöhlen, mit Auflagen versehen oder kalt enteignen wollen. Die

Methoden sind in unserer Hemisphäre vielleicht inzwischen etwas subtiler, eleganter und gewiefter. Das Ergebnis ist jedoch das Gleiche: die Mehrheit greift dem Einzelnen in die Tasche. Dass dies Unternehmen, die ihre Waren und Dienstleistungen anderen auf dieser Welt anbieten wollen, verhindern wollen, ist doch nur gut und richtig.

Als Beispiel hierzulande wird häufig das Schiedsverfahren des schwedischen Energiekonzerns Vattenfall gegen das Land Hamburg um das Kohlekraftwerk Moorburg angeführt. Der CDU-Senat bewilligte 2005 das Projekt. 2008 verteuerte die grüne Umweltsenatorin mit immer neuen Auflagen die Investition. Dagegen klagte Vattenfall vor einem internationalen Schiedsgericht auf Schadenersatz von 1,4 Milliarden Euro. Dieser Druck führte dazu, dass das Land Hamburg sich auf Vattenfall zubewegte und man sich anschließend außergerichtlich einigte. Ohne diese Klagemöglichkeit wäre die Investition für Vattenfall unrentabel geworden. Schiedsgerichte schaffen Rechtssicherheit für ausländische Investoren. Diese müssen sich nicht auf nationale Richter verlassen, die vom dortigen Staat bestellt und bezahlt werden.

Gerade Schiedsgerichte sind daher ein großes Verdienst der Freihandelsbewegung auf dieser Welt. Sie disziplinieren Regierungen. Denn jede Rechtsänderung, die enteignungsgleiche Wirkung entfaltet, führt zu Schadensersatzansprüchen der Investoren gegen diesen Staat und seine Regierung. Sie sind ein Entmachtungsinstrument. Sie zwingen die Regierungen und Parlamente, eine zweckunabhängige Rechtsordnung zu schaffen, die für alle gleich ist.

Jetzt könnten Kritiker einwerfen, dass diese internationalen Schiedsverfahren heimischen Unternehmen gegenüber der eigenen Regierung versagt bleiben und dies doch ungerecht sei. Das stimmt, daher ist zu überlegen, ob diese positive Wirkung der Entmachtung des Staates auch auf Unternehmen, Institutionen und Bürger in unserem Land ausgeweitet werden sollte. Warum sollen Schiedsgerichte nur dem BUND, ver.di oder dem Bauernverband vorbehalten sein? Warum nur innerhalb eines Vereins oder einer Organisation und nicht gegenüber einer Kommune, dem Land oder dem Bund? Die Gleichheit vor dem Recht wäre ein Stückchen mehr realisiert.

Freihandel gegen Armut

Historisch war die Entstehung des Freihandels immer ein Prozess. In der Neuzeit ist die Freihandelsidee eng mit dem Namen Richard Cobden verbunden. Cobden, der in ärmlichsten Verhältnissen als viertes von elf Kindern eines Farmers in Sussex aufwuchs, bekam früh zu spüren, welche Folgen Zölle und Exportsubventionen für die Menschen haben. Sie führten zur Verarmung weiter Teile der Bevölkerung und zu Hungersnöten in England. Doch damals, und in weiten Teilen auch heute noch, glaubten Ökonomen und Politiker, dass die wachsende Zahl der Bevölkerung durch die landwirtschaftliche Produktion nicht ernährt werden könne. Der Glaube, dass dies nur durch eine Politik der staatlichen Geburtenkontrolle erreicht werden kann, ist bis in die heutige Zeit zum Beispiel der Geist der *Ein-Kind-Politik* in China. Die Theorie ist nicht nur durch den technischen Fortschritt in der Landwirtschaft, sondern auch durch den Freihandel seit langer Zeit widerlegt. Es herrschen in Teilen dieser Welt nicht deshalb Hungersnöte, weil es zu wenig zu essen gibt, sondern weil sich Länder und Regionen abschotten, ihre Unternehmen einseitig subventionieren und Entwicklungs- und Schwellenländer daran hindern, ihre Waren auf dem Weltmarkt anzubieten.

Das erste Freihandelsabkommen wurde 1860 auf Anregung von Richard Cobden zwischen England und Frankreich vereinbart. Es schaffte nicht alle Zölle und Handelsbeschränkungen auf einen Schlag ab, sondern reduzierte diese sukzessive. Immer wieder gab und gibt es Rückschläge. Viele Länder tragen durch Kriege, Korruption und Vetternwirtschaft zu dieser Entwicklung bei. Und auch die Politik der Abwertung der eigenen gegenüber der fremden Währung ist eine moderne Form der Subvention. Sie ist die subtile Art, der Exportwirtschaft einen ungerechtfertigten Vorteil zu verschaffen.

Offene Märkte, so Cobdens Botschaft, nutzen dagegen nicht nur wenigen Privilegierten, sondern allen. Denjenigen, die Waren produzieren, und denjenigen, die diese kaufen wollen. Dabei ist es unerheblich, ob diese im eigenen Land beheimatet sind oder in einem fremden Land. Und sein entscheidendes Erbe für die heutige

Zeit ist, dass wahrscheinlich keine Entwicklung friedensstiftender ist als der Freihandel. Wer Handel treibt, sich austauscht, sich als Unternehmer in die Abhängigkeit der Konsumenten begibt, greift nicht zur Waffe, damit die Waren gekauft werden, sondern er hegt und pflegt seine Kunden, damit sie wiederkommen und noch mehr Waren von ihm kaufen.

Cobden schrieb schon im April 1842: »Der Freihandel wird unweigerlich, indem er die wechselseitige Abhängigkeit der Länder untereinander sichert, den Regierungen die Macht entreißen, ihre Völker in den Krieg zu stürzen.« Das ist die eigentliche Botschaft des Freihandels: Freihandel ist friedensstiftend und daher ein universales Anliegen für eine offene Gesellschaft.

STEFAN KOOTHS

»Aussenbeitrag« – Wie ein Saldo die Wirtschaftspolitik verwirrt

Die Vorstöße des neuen amerikanischen Präsidenten zum Abbau der US-Leistungsbilanzdefizite haben die Debatte um makroökonomische Ungleichgewichte in der Weltwirtschaft neu entfacht. Nur dass die merkantilistischen Tendenzen jetzt so ungeschminkt hervortreten wie schon lange nicht mehr. Ging es bei der Kontroverse bislang um mögliche globale Stabilitätsgefahren, so dominieren nun wieder die nationalistisch-protektionistischen Töne. Dies ändert nichts daran, dass die handelsbezogene Diagnose zu kurz greift und so abermals zu den falschen Instrumenten verführt.

Im Mittelpunkt der Debatte stehen die Salden im grenzüberschreitenden Güterhandel, also Differenzen zwischen Exporten und Importen und damit eine Größe, die Ökonomen als »Außenbeitrag« bezeichnen. Anders, als es dieser missglückte Begriff nahelegt, trägt der Außenbeitrag eines Wirtschaftsraums zur Wirtschaftsleistung nichts bei – dafür aber umso mehr zur Verwirrung und zu wirtschaftspolitischen Fehlschlüssen. Semantisch nicht minder irreführend sind die Varianten dieses Saldos, weil die Vorzeichen dazu verleiten, normativ aufgeladen zu werden. So klingen Überschüsse nach etwas Positivem (manche machen gar ein Erfolgsmaß der Wirtschaftspolitik daraus), während den Defiziten rein sprachlich etwas Unsolides anhaftet. Beides ist genauso falsch wie die Ansicht, ein Außenbeitrag von null wäre gleichbedeutend mit einem außenwirtschaftlichen Gleichgewicht.

Die Fehldiagnosen wurzeln in einem groben Missverständnis der ökonomischen Zusammenhänge, indem Volkswirtschaften mit Unternehmen verwechselt werden. In dieser Vorstellung werden Exporte als Erlöse aufgefasst, während Importe als Kosten gelten. Die Differenz zwischen beiden ergibt dann den vermeintlichen Gewinn (Exportüberschuss, positiver Außenbeitrag) oder Verlust (Importüberschuss, negativer Außenbeitrag). Das ist ein Rückfall in primitive Formen des merkantilistischen Denkens, der in dem Vorwurf an die Überschussländer gipfelt, sie würden die übrige Welt »ausbeuten« oder »auf deren Kosten« leben. Wer so argumentiert, fühlt sich meist bestärkt durch die Verwendungsdefinition des Bruttoinlandsproduktes (BIP) als Maß für die heimische Wirtschaftsleistung, in die Exporte positiv und Importe negativ eingehen. Nun können Definitionen schon aus logischen Gründen keine Kausalitäten erklären. Auch hier nicht. Wer meint, dass ein Anstieg (Rückgang) der Exporte (Importe) zwangsläufig das BIP erhöht, verkennt den Zusammenhang von Entstehung und Verwendung des gesamtwirtschaftlichen Güteraufkommens.

Das Ergebnis der heimischen Wirtschaftsleistung und die aus dem Ausland bezogenen Güter (Im) stehen den ökonomischen Akteuren eines Landes insgesamt für Konsum (C), Investitionen (I) und Exporte (Ex) zur Verfügung: BIP + Im = C + I + Ex. Mehr Importe ermöglichen daher mehr Konsum oder mehr Investitionen oder mehr Exporte. Stellt man die Identität von Entstehung und Verwendung zur BIP-Definition um, ändert sich inhaltlich nichts, aber es resultiert eine Gleichung, deren suggestive Kraft die Protektionisten dieser Welt immer wieder überwältigt (BIP = C + I + Ex - Im).

Die Höhe der heimischen Wirtschaftsleistung hängt jedoch nicht vom Außenbeitrag (Ex - Im) ab, sondern von der Faktorausstattung (Umfang und Struktur des Kapitalstocks, Anzahl und Qualifikation der Arbeitskräfte) und den sonstigen Standortqualitäten (Wissen, Ordnungsrahmen, Steuersystem). Zwar können konjunkturelle Schwankungen auch aus dem Außenhandel herrühren, aber darum geht es der neuen US-Regierung nicht; sie sieht ihr Land vielmehr grundsätzlich (und seit Jahrzehnten) durch Importüberschüsse benachteiligt.

Wirtschaften bedeutet, mit knappen Ressourcen zu disponieren. Ein Importüberschuss impliziert den Zugriff auf die Ersparnisse der übrigen Welt und lockert so die gegenwärtige Knappheit im Austausch gegen eine spätere Gegenleistung. Güterwirtschaftlich bedeutet ein Importüberschuss daher keine Ausbeutung, sondern eine Mehrung der Mittel, mit denen gewirtschaftet werden kann. Das erlaubt entweder mehr heutigen Konsum oder über höhere Investitionen mehr zukünftigen Konsum. Während bei konsumtiver Verwendung unterschiedliche Zeitpräferenzen von Gläubigern und Schuldnern den gegenseitigen Tauschvorteil hervorbringen, lässt sich bei investiver Verwendung die Produktivität der heimischen Arbeitskräfte erhöhen, weil sie mit mehr Kapitalgütern ausgestattet werden, als es die eigene Ersparnis hergibt. Umgekehrt profitieren die Kapitalexporteure von einer höheren Rendite als bei einer Anlage im Inland (andernfalls müssten sie nicht außerhalb nach Anlagegelegenheiten suchen). Beide Seiten stellen sich besser, und zwar dadurch, dass die zukünftigen Konsummöglichkeiten durch eine effizientere Ressourcenallokation steigen.

Ein Beispiel: (1) Ein deutsches Automobilunternehmen baut seine Werke in Deutschland aus und kauft hierfür Maschinen von deutschen Zulieferern. Kein Effekt auf den Außenbeitrag. (2) Nun entscheidet sich dasselbe Unternehmen für ein neues Werk in den Vereinigten Staaten, kauft die Maschinen aber weiterhin in Deutschland. Der Außenbeitrag der USA »verschlechtert« sich (auch hier hat der Sprachgebrauch tiefsitzende merkantilistische Sichtweisen tradiert). Werden die Vereinigten Staaten hierdurch ausgebeutet? Wohl kaum. Allenfalls könnten sich die Arbeitskräfte in Deutschland grämen, dass die höhere Kapitalausstattung, die mit der Produktivität zugleich die Löhne steigen lässt, nun amerikanischen Arbeitskräften zugutekommt. Die Investitionsentscheidung richtet sich in freien Märkten aber nach Renditeaussichten und nicht nach diffusen nationalistisch-kollektivistischen Kriterien.

Was für den hier geschilderten Fall der additiven Direktinvestitionen gilt, trifft prinzipiell auch für jeden anderen Kapitalexport zu. So könnten die deutschen Sparer auch neu emittierte Aktien oder Anleihen eines US-Unternehmens kaufen, das die Mittel nutzt, um damit Ausrüstungsgüter in Deutschland zu kaufen. Oder sie kaufen Wertpapiere von bislang amerikanischen Haltern und verhelfen den Akteuren in den USA auf diese Weise zu höherer Kaufkraft. Die unternehmerische Entscheidung über diese Mittel bleibt dann in amerikanischer Hand, was den neuen Machthabern im Weißen Haus eigentlich gefallen müsste. Wie das Beispiel der Direktinvestition zeigt, ist ein wachsendes Auslandsvermögen der Überschussländer nicht gleichbedeutend mit einer höheren Schuldenlast der Empfängerländer. Das Investitionsrisiko verbleibt im Kapitalexportland. Und selbst im Falle von länger anhaltenden Fremdkapitalflüssen läuft der Schuldner nicht zwangsläufig in die Überschuldung, weil es darauf ankommt, ob dem ein marktfähiger Kapitalstock gegenübersteht. Das ist bei einem Auslandskredit nicht anders als bei der Kreditvergabe im Inland.

Große Teile des internationalen Kapitalverkehrs werden über verschiedene Zwischenstationen vermittelt. So könnte eine in London ansässige Bank Spargelder in Deutschland einsammeln und als Kredit an ein Unternehmen in den USA weiterleiten. Bilaterale Zahlungsbilanzsalden sind daher güter- wie finanzwirtschaftlich wenig aussagekräftig (so sind in den deutschen Ausfuhren in die USA auch Vorleistungen aus anderen Ländern enthalten).

Letztlich lenken Sparneigung und Renditedifferenzen unter Risikoerwägungen die internationalen Kapitalströme und bestimmen so auch die Leistungsbilanzsalden, weil damit Kaufkraft zwischen Wirtschaftsräumen verlagert wird. Güterpreise und Wechselkurse reagieren darauf in der Weise, dass der Güterstrom dem Kapitalstrom folgt. Das, was als »nationale Wettbewerbsfähigkeit« beschrieben wird, ist im marktwirtschaftlichen Gefüge nur das Symptom der im Kapitalverkehr zum Ausdruck kommenden intertemporalen Güterallokation und niemals die Ursache von Leistungsbilanzsalden. Daher ist auch der Begriff der Wettbewerbsfähigkeit von Volkswirtschaften irreführend. Wettbewerbsfähigkeit ist ein Merkmal von Unternehmen, das sich nicht sinnvoll auf die Ebene von Wirtschaftsräumen übertragen lässt, weil in ökonomischen Systemen auch diejenigen Größen reagieren können, die für ein Unternehmen als Teil des Datenkranzes nicht beeinflussbar sind. Unternehmen, die zu den vom Markt vorgegebenen Absatz- und Beschaffungspreisen keine Gewinne erwirtschaften können, gehen unter. Hingegen verschwinden Volkswirtschaften nicht von der Bildfläche, weil sie neben dem Unternehmenssektor auch den Haushaltssektor umfassen, zwischen denen sich die Faktorpreise so anpassen können, dass bei auftretenden Störungen (Arbeitslosigkeit) die Marktfähigkeit wiederhergestellt wird. Länder mit guten Standortbedingungen erfreuen sich höherer Realeinkommen als solche mit schlechten Standortbedingungen. Am internationalen Handel können trotzdem beide teilnehmen.

All das klingt den Kritikern nach zu viel Harmonie in der Beschreibung der internationalen Arbeitsteilung. Sie wittern stattdessen Kapitalfehllenkung durch unfähige Investoren. Kann es international zu Fehlinvestitionen kommen? Sicher. Genauso, wie eine Investition im Inland scheitern kann. Ob zwischen dem Sparer und dem Investitionsstandort eine Landesgrenze verläuft, ist dabei unerheblich. Entscheidend ist, ob die Spar- und Investitionsentscheidungen unter marktwirtschaftlichen Bedingungen erfolgen. Hierzu gehört, dass die Steuerungssignale (Renditen und Güterpreise) nicht durch staatliche Interventionen verzerrt werden und das Haftungsprinzip gilt. Hinsichtlich der internationalen Zinsdifferenzen kommt den jeweiligen Geldpolitiken eine erhebliche Bedeutung zu. Massive Eingriffe wie die QE-Programme der letzten Jahre haben in den großen Währungsräumen eine Liquiditätsschwemme geschaffen, die auf den Kapitalmärkten nicht ohne Folgen bleiben kann. (In der Europäischen Währungsunion kommen noch erhebliche Verzerrungen hinzu, etwa die künstliche Verringerung der Risikoprämien auf Staatsanleihen durch fiskalische und monetäre Beistandspraktiken. Zudem werden die Notenbanken der Überschussländer im Eurosystem bei Liquiditäts- und Kapitalflucht aus den Krisenländern in die Zahlungsbilanzfinanzierung gezwungen.) All das hat mit marktwirtschaftlicher Kapitallenkung wenig zu tun, sondern ist das Ergebnis eines fragwürdigen Makro-Managements. Es wäre verfehlt, hierauf mit sachfremden Eingriffen an anderer Stelle zu reagieren und so eine Interventionsspirale in Gang zu setzen, die mehr und mehr Felder der Wirtschaftspolitik infiziert. So werden immer wieder Lohnerhöhungen oder staatliche Mehrausgaben in Deutschland gefordert, um den Außenbeitrag zu verringern. Löhne müssen aber auf die Lage an dem Arbeitsmarkt reagieren, auf dem sie gezahlt werden, und nicht auf die in anderen Ländern. Die hiesige Lohnmoderation in den 2000er-Jahren war deshalb kein Dumping, sondern eine überfällige Reaktion auf die hohe Arbeitslosigkeit hierzulande. Wird Arbeit in Deutschland knapp, steigen die Löhne infolge marktwirtschaftlicher Mechanismen. Einer wirtschaftspolitischen Intervention bedarf es dazu nicht. Ebenso sachfremd wäre es, die normal ausgelastete deutsche Volkswirtschaft durch staatliche Konjunkturprogramme zu stimulieren, um den Außenbeitrag zu senken. Auch für die Finanzpolitik ist der Saldo im Außenhandel kein sinnvolles Kriterium.

Donald Trump wird mit seiner Wirtschaftspolitik nicht die gewünschten Ergebnisse erzielen. Sollen die amerikanischen Leistungsbilanzdefizite sinken, müssten die Amerikaner entweder mehr sparen (davon redet niemand) oder weniger investieren (die Deregulierungsinitiativen zielen auf das Gegenteil) oder den Staatshaushalt konsolidieren (mit massiven Steuersenkungen und Infrastrukturprogrammen setzt Trump stattdessen auf höhere Defizite). Letztlich werden die Vereinigten Staaten mehr denn je auf Kapitalzuflüsse angewiesen sein, angeregt durch höhere Zinsen und güterwirtschaftlich bewerkstelligt durch einen stärkeren Dollar. Will der US-Präsident dem kurzfristig begegnen, müsste er sich der Zentralbank bemächtigen und eine noch gewaltigere Dollarflut in die Welt spülen. Die dann drohenden Abwertungswettläufe, verbunden mit protektionistischen Sanktionsspiralen, wären ein Desaster für die Weltwirtschaft. Einer aggressiven Handelspolitik der USA gegenüber der Europäischen Union steht entgegen, dass der transatlantische Wirtschaftsraum nicht nur über Handelsströme, sondern vor allem über gegenseitige Direktinvestitionen eng miteinander verflochten ist. So sind bislang mehr als die Hälfte der Direktinvestitionen US-amerikanischer Unternehmen in die Europäische Union geflossen. Damit würde eine Schwächung der Wirtschaftsentwicklung in Europa durch protektionistische Maßnahmen auch vitale ökonomische Interessen in den USA berühren, die daraufhin ihren politischen Einfluss geltend machen werden. Von daher könnten mit dem Kapitalverkehr gerade diejenigen Wirkungskanäle mäßigend auf die US-Außenhandelspolitik wirken, die seitens der dortigen Entscheidungsträger bislang am wenigsten beachtet wurden.

Dieser Artikel erschien zuerst am 07.08.2017 in der Frankfurter Allgemeinen Zeitung.

FABIAN KURZ

Theorie des internationalen Handels

Die Diskussion über das Für und Wider des internationalen Handels ist kein neues Phänomen unserer Zeit. So alt wie die Diskussion sind auch die meisten Argumente. Freihandelsgegner von heute bedienen sich ganz ähnlicher Argumente wie ihre merkantilistischen Vorfahren vor 350 Jahren. Adam Smith hat sehr früh erkannt, dass der wahrscheinlich größte Gegner des Freihandels die heimische Industrie ist, welche sich der ausländischen Konkurrenz entledigen will. Ein Blick auf die Theorien vergangener Tage ist daher nicht nur eine interessante Geschichtslektion, sondern hilft, die Argumente der heutigen Diskussion besser einzuordnen und zu verstehen.

Merkantilismus – Es ist nicht alles Gold, was glänzt

Der französische König Ludwig XIV. führte viele kostspielige Kriege, die einer Finanzierung bedurften. Der »Sonnenkönig« hatte einen absoluten Machtanspruch. Dementsprechend wurde die gesamte Wirtschaft staatlich organisiert und reglementiert. Das oberste Ziel der staatlichen Obrigkeit war die Maximierung der Einnahmen. Zum einen, um die teure Hofhaltung und den Beamtenapparat zu finanzieren, und zum anderen, um die Kriegsfinanzierung sicherstellen zu können. Zu dieser Zeit war der Merkantilismus die vorherrschende Lehrmeinung der Ökonomik. Ihren Höhepunkt erreicht diese Theorie unter dem französischen Finanzminister Colbert, der von 1661 bis 1683 die Geschicke des französischen Fiskus bestimmte. Der zentrale Gedanke der Merkantilisten war, dass der Wohlstand der Nation auf der Anhäufung von Gold und Silber basiere. Je größer der nationale Schatz sei, je mehr Reichtum die fürstliche Schatzkammer beherberge, desto reicher sei das Land. Dementsprechend wurden Gold- und Silberabflüsse als schädlich erachtet und der Import von Edelmetallen als eine Wohlstandssteigerung. Wurden Waren ins Ausland verkauft, sind diese in der Regel mit Gold und Silber bezahlt worden. Der Export von Gütern hatte also einen Import von Edelmetall zur Folge. Daher förderte man Exporte und schränkte Importe ein, um möglichst viel Edelmetall anzuhäufen. Dazu wurden vor allem bereits verarbeitete Güter mit Importzöllen belegt, da diese mit Gold bezahlt wurden. Der Import von Rohstoffen dagegen war erwünscht. Diese konnten weiterverarbeitet und die Endprodukte gegen Gold ins Ausland verkauft werden. Exporte wurden subventioniert, da sie zu dem erwünschten Zustrom von Gold führten.[4]

In der Logik der Merkantilisten würde Freihandel der einheimischen Wirtschaft schaden. Handel war aus Sicht der Merkantilisten ein Nullsummenspiel: Was das eine Land gewinnt, muss zwangsläufig ein anderes verlieren. Diese Vorstellung ist noch immer weit verbreitet: Importe seien schlecht, Exporte seien gut. Deutschland feiert sich regelmäßig als Exportweltmeister, die USA sich jedoch nicht als Importweltmeister. Noch heute bevorzugen viele Länder eine aktive Handelsbilanz. Diese entsteht, wenn der Wert der exportierten Waren den Wert der Importe übersteigt. Dieser Exportüberschuss wurde zur Zeit des Merkantilismus durch Goldzuflüsse finanziert. Heute werden durch Exportüberschüsse Vermögensforderungen gegen das Ausland aufgebaut. Doch warum sollte der Wert der Exporte im Verhältnis zu den Importen überhaupt bewertet werden? Eine aktive Handelsbilanz (der Wert der Exporte übersteigt den Wert der Importe) bedeutet nur, dass während einer Periode Menschen in einer gewissen Region mehr exportiert als importiert haben. Die Wahl der Region (meistens Staaten) und die Wahl der Zeit (in der Regel ein Jahr) erscheinen relativ willkürlich. Schließlich könnte auch die Handelsbilanz von München mit Augsburg oder von Mecklenburg-Vorpommern mit Trinidad und Tobago bewertet werden. Nicht Länder oder Regionen handeln miteinander, sondern Menschen. Eine Bewertung von Im- und Exporten auf Basis von Individuen ergibt offensichtlich keinen Sinn. Ob Herr Müller aus Stuttgart-Degerloch mehr Waren an Menschen in Köln verkauft, als er sich Kölsch nach Stuttgart-Degerloch liefern lässt, kann man nicht sinnvollerweise als gut oder schlecht qualifizieren. Doch genau diese Bewertung nehmen die Merkantilisten und ihre heutigen Nachfahren vor.

Adam Smith – Der Wohlstand der Nationen

Einer der schärfsten Gegner merkantilistischer Theorie wie Politik war der schottische Philosoph und Ökonom Adam Smith. Er lehnte sowohl das absolutistische Staatsverständnis der Merkantilisten ab als auch ihre wirtschaftspolitischen Überlegungen. Für ihn stand das Individuum im Mittelpunkt und nicht kollektive Einheiten wie Länder oder Staaten. Wer, so fragte er, sind die treibenden Kräfte der merkantilistischen Ideen? »Ganz sicher waren es nicht die Konsumenten, denn deren Interessen hat man völlig vernachlässigt. Die wirtschaftspolitischen Eingriffe des Merkantilismus haben in ganz besonderem Maße die Interessen unserer Manufakturbesitzer geschützt. Ihnen ist nicht nur das Wohl des Verbrauchers, sondern weit mehr das Interesse anderer Gruppen von Produzenten geopfert worden.«[5] Smith versteht den Merkantilismus vor allem als ein Lobbyprogramm, welches bestimmten Produzenten zum Vorteil und den Konkurrenten und Konsumenten zum Nachteil gereicht.

Im Jahr 1776 erscheint Smiths Buch *Der Wohlstand der Nationen*. Gleich im ersten Kapitel widmet sich Smith sehr ausführlich dem Prinzip der Arbeitsteilung. Allein die Arbeitsteilung sei im Stande, die produktiven Kräfte der Arbeit »... mehr als alles andere zu fördern und zu verbessern.«[6] Um arbeitsteilig produzieren zu können, ist ein hohes Maß an menschlicher Kooperation nötig. Menschen stellen gemeinsam Waren her, obwohl sie sich nicht kennen. Sie tauschen diese mit anderen Menschen, die sie noch weniger kennen. In einer reinen Tauschwirtschaft ist ein hoher Grad an Spezialisierung nicht möglich. Für die arbeitsteilige Wirtschaft ist ein anerkanntes Zahlungsmittel notwendig, mit welchem die Transaktionen durchgeführt werden können.

Smith sieht die Ursache für die zunehmende Spezialisierung und damit für Handel in der natürlichen Neigung des Menschen, zu handeln und Dinge miteinander zu tauschen. Menschen seien immer auf Hilfe angewiesen. Dabei sei jedoch keiner gerne von anderen abhängig. So kommt es zum Tausch: »Gib mir, was ich wünsche, und du bekommst, was du benötigst.«[7] Menschen werden sich nur spezialisieren, wenn sie davon ausgehen, dass sie die Überschüsse, die über den Eigenbedarf hinausgehen, gegen andere Waren und Dienstleistungen eintauschen können. Die Grenzen der Arbeitsteilung liegen somit in der Größe des Marktes. Je größer der potenzielle Markt, desto mehr Spezialisierung ist möglich. Je größer der Markt, desto mehr Menschen können miteinander kooperieren, und die Produktion kann in immer kleinere Schritte unterteilt werden. Diese immer präzisere Spezialisierung ist ein Motor des Wachstums und Fortschritts.

Smith beschäftigte sich deshalb natürlich auch mit dem internationalen Handel. Internationaler Handel ermöglicht größere Spezialisierung, da er für einen größeren Markt sorgt. Das Prinzip der Arbeitsteilung und die Bedeutung der Größe des Marktes verbindet Smith zum Konzept des absoluten Kostenvorteils: Einige Menschen können gewisse Dinge besser als andere. Es hat sich herausgestellt, dass auch in manchen Regionen gewisse Waren und Dienstleistungen besser her- und bereitgestellt werden können als in anderen. Smith argumentiert, dass sich die Menschen eines Landes auf die Produktion der Produkte spezialisieren, in welchen sie einen Kostenvorteil gegenüber anderen Ländern haben. Durch den Austausch und Handel der Güter können die Konsumenten in beiden Ländern von den niedrigeren Kosten (und damit niedrigeren Preisen) profitieren. Außerdem kann durch die zusätzliche Spezialisierung deutlich mehr produziert werden.

Freihandel vergrößert im Verständnis von Smith den Markt und ermöglicht mehr Arbeitsteilung. Er weiß aber auch, dass mit großem Widerstand zu rechnen ist, denn »wird die Einfuhr von Waren, die auch im Inland hergestellt werden können, durch hohe Zölle beschränkt oder gänzlich verboten, so wird dadurch das Monopol des einheimischen Gewerbes auf dem Binnenmarkt mehr oder weniger gesichert.«[8] Inländische Produzenten könnten ein Interesse an Zöllen haben, da sie dann die ausländische Konkurrenz nicht fürchten müssten. Smith räumt ein, dass die Geschäftstätigkeit in den durch Zölle begünstigten Erwerbszweigen stark angeregt würde, aber »es ist fraglich, ob damit auch ein Aufschwung der ganzen Volkswirtschaft oder der Anstoß zu deren bestmöglichem Einsatz verbunden ist.« Smith argumentiert, dass das Kapital, welches nun vermehrt in dem begünstigten Wirtschaftszweig verwendet wird, an anderer Stelle besser verwendet werden könnte. Den Widerstand gegen Freihandel schätzt Smith freilich so stark ein, dass er meint, »es ist so absurd zu hoffen, Großbritannien werde jemals zum vollkommenen Freihandel zurückkehren, wie zu erwarten, es könne jemals ein Ozeanien oder Utopia errichtet werden. Dem stehen neben den Vorurteilen der öffentlichen Meinung in erster Linie die wohl unüberwindlichen Privatinteressen vieler Einzelner schroff entgegen.«[9]

David Ricardo – Der komparative Vorteil

David Ricardo entwickelte die Ideen Smiths entscheidend weiter. Smith argumentierte, dass sich Länder auf die Produktion derjenigen Waren konzentrieren sollten, in welchen sie einen absoluten Kostenvorteil haben. Ricardo zeigt, dass auch Länder, die in der Produktion von allen Gütern teurer sind als ihre Handelspartner, vom Handel profitieren können. Die zugrundeliegende Idee wird als komparativer Vorteil bezeichnet. Ricardo beschreibt dies als »Prinzip, das dazu führt, dass Wein in Frankreich und Portugal produziert wird, Getreide in Amerika und Polen angebaut wird und Maschinen und ähnliche Waren in England hergestellt werden.«[10]

Wie kann es sein, dass ein Land vom Handel profitieren kann, obwohl die Produktion aller Güter teurer ist? Um dieser Frage nachgehen zu können, ist es hilfreich, sich das Konzept der Opportunitätskosten zu vergegenwärtigen: Wenn man sich für eine Tätigkeit entscheidet, entscheidet man sich zwangsläufig gegen eine andere. Ich kann nicht gleichzeitig diese Zeilen schreiben und mit meinen Freunden einen Nachmittag im Schwimmbad verbringen. Wenn ich Erdbeerkuchen als Nachtisch wähle, verzichte ich auf Schokoladenpudding. Selbst Nichtstun birgt Opportunitätskosten: Wir könnten stattdessen etwas anderes tun. Als Opportunitätskosten wird der entgangene Nutzen aus der besten nicht gewählten

Alternative bezeichnet. Wenn ich mich für den Erdbeerkuchen entscheide und am zweitliebsten Schokoladenpudding esse, sind die Opportunitätskosten des Genusses des Erdbeerkuchens der entgangene Nutzen aus dem Verzehr des Schokoladenpuddings.

Der komparative Vorteil besagt, dass sich jemand auf die Tätigkeiten spezialisieren sollte, bei welcher ihm im Vergleich mit anderen Tätigkeiten die geringsten Opportunitätskosten entstehen. Ein Beispiel: Ein Anwalt ist der beste Anwalt der Kanzlei, und außerdem kann niemand schneller Briefe abtippen als er. Sein Sekretär hat sein Jurastudium noch nicht abgeschlossen und hilft ihm beim Abtippen von Briefen. Der Anwalt hat in seiner Anwaltstätigkeit und im Tippen von Briefen einen absoluten Vorteil gegenüber seinem Sekretär. Warum beschäftigt er nun einen Sekretär, obwohl er doch in beiden Tätigkeiten besser ist? Der Sekretär hat einen komparativen Vorteil im Schreiben von Briefen, da seine Opportunitätskosten geringer sind. Der Anwalt müsste während des Abtippens auf Arbeitszeit als Anwalt verzichten. Er könnte einen Mandanten nicht besuchen, welchem er mehrere hundert Euro in Rechnung stellen könnte. Der Sekretär dagegen hat geringere Opportunitätskosten. Er müsste in der Zeit des Abtippens auf weniger wertvolle Tätigkeiten verzichten, wie zum Beispiel Kellnern in einer Bar. Der Sekretär hat daher einen komparativen Vorteil im Schreiben von Briefen. Er muss auf weniger verzichten als der Anwalt. Deswegen stellt der Anwalt einen Sekretär ein.

Ricardo erläutert das Prinzip des komparativen Vorteils am Beispiel Portugals und Englands. Wenn sich ein Land auf die Produktion eines bestimmten Gutes spezialisiert, verzichtet es auf die Spezialisierung auf ein anderes Gut. Ein Land hat einen komparativen Vorteil in der Produktion eines Gutes, wenn die Opportunitätskosten der Produktion geringer sind als die des anderen Landes. Portugal kann sowohl Tuch als auch Wein günstiger (mit weniger Arbeitskräften) herstellen als England. Der Unterschied resultiert aus der Annahme, dass beide Länder sich in der Arbeitsproduktivität unterscheiden. Wenn England weniger Rollen Tuch aufgeben muss als Portugal, um ein Fass Wein zu produzieren, besitzt England einen komparativen Vorteil in der Produktion von Tuch, da es geringere Opportunitätskosten in der Produktion von Tuch hat. Ricardo schlussfolgert: »In einem System vollkommen freien Handels setzt jedes Land ganz von selbst sein Kapital und seine Arbeit für solche Tätigkeiten ein, die für alle am meisten Nutzen bringen.«[11] Aus der Idee des komparativen Vorteils folgt, dass Länder diejenigen Güter exportieren werden, welche sie relativ effizient herstellen können, und diejenigen Güter importieren, deren Produktion relativ ineffizient wäre. Effizient bedeutet, dass mit einem gegebenen Einsatz von Produktionsmitteln ein Maximum an Gütern produziert wird, beziehungsweise eine gegebene Anzahl von Gütern mit dem geringsten Aufwand produziert wird. Mit anderen Worten: Effiziente Produktion verschwendet keine Ressourcen. Handel bietet den Menschen die Möglichkeit, sich gemäß ihrem komparativen Vorteil zu spezialisieren. Dadurch werden die gesamten Opportunitätskosten minimiert, weniger Ressourcen verschwendet und die produzierte Menge vergrößert sich, die nun zum Handeln zur Verfügung steht.

Das Heckscher-Ohlin-Modell – Du bist, was du hast

Eine Weiterentwicklung des Handelsmodells von Ricardo ist das Heckscher-Ohlin-Modell. Es ist benannt nach den beiden Ökonomen Eli Heckscher und Bertil Ohlin. Heckscher stellte 1919 seine Ideen in dem Artikel »Die Effekte des internationalen Handels auf die Verteilung der Einkommen« vor. Auf diesem baute Ohlin später seine Dissertation auf. Das Modell erklärt wie bereits Ricardo den sogenannten inter-industriellen Handel. Dieser zeichnet sich durch internationalen Handel mit verschiedenen Produktgruppen aus. Einen solchen Handel kennen wir bereits aus Ricardos Beispiel vom Tuch- und Weinhandel von England und Portugal. In Ricardos Beispiel ist der Handel allerdings auf die Unterschiede in der Arbeitsproduktivität zurückzuführen. Kernidee des Heckscher-Ohlin-Modells ist, dass die Struktur des Außenhandels auf unterschiedliche Ausstattung mit Faktoren zurückzuführen ist. Darunter werden klassischerweise Kapital und Arbeit verstanden. Manche Länder sind relativ dicht besiedelt und daher im Vergleich zu Kapital mit dem Faktor Arbeit besser ausgestattet als andere Länder. Wenn ein Land mit dem Faktor Kapital relativ reichlich ausgestattet ist, wird es sich auf die Produktion von relativ kapitalintensiven Gütern spezialisieren und diese exportieren. Im Gegenzug wird es arbeitsintensive Güter importieren.

Diese Hypothese wurde für die USA getestet. Die Vereinigten Staaten sind ein Land mit einer weltweit sehr hohen Kapitalintensität. Gemäß Heckscher und Ohlin wäre ein Export von relativ kapitalintensiven Gütern zu erwarten gewesen. In einer Untersuchung für die Zeit nach dem Zweiten Weltkrieg fand der Ökonom Wassily Leontief heraus, dass die Importe der Vereinigten Staaten im Durchschnitt deutlich kapitalintensivere Güter waren als die Exporte. Dieses Resultat wird als Leontief-Paradoxon bezeichnet.[12] Das Ergebnis könnte durch die Verletzung einer Annahme erklärt werden. Im Heckscher-Ohlin-Modell wird unterstellt, dass die Produktionstechnologie sich in den betrachteten Ländern nicht unterscheidet, sondern nur das Verhältnis von Arbeit und Kapital. Die USA verfügen allerdings über einen Vorteil in der Produktion neuer Produkte, welche mit Hilfe neuer Technologien hergestellt werden. Daher können solche Produkte wie Flugzeuge oder Computer »... durchaus weniger kapitalintensiv sein als Produkte, deren Technologie mit der Zeit zur Massenproduktionstauglichkeit ausgereift ist.«[13]

Das Heckscher-Ohlin-Modell passt allerdings sehr gut zu den Daten des Handels von Industrieländern mit Entwicklungsländern. Arbeitsreiche, aber qualifikationsarme Entwicklungsländer exportieren einfache arbeitsintensive Massenprodukte und importieren aus den arbeitsarmen, aber hochqualifizierten Industrieländern kapitalintensive Güter.

Intra-industrieller Handel – Tausche VW gegen Renault

Wenn ein Land in derselben Industrie sowohl Importe als auch Exporte aufweist, wird dies intra-industrieller Handel genannt. Der Gegenentwurf ist der inter-industrielle Handel, welcher den Handel mit verschiedenartigen Gütern bezeichnet. Ein Beispiel dafür wären Ricardos Ausführungen zum Tuch- und Weinhandel von England und Portugal. Der inter-industrielle Handel kann von Smith durch den absoluten Vorteil und von Ricardo durch den komparativen Vorteil erklärt werden. Beide Theorien können dagegen den intra-industriellen Handel nicht erklären, wenn also zum Beispiel Portugal Wein nicht nur ex-, sondern auch importiert. Intra-industrieller Handel ist allerdings ein sehr wichtiger Bestandteil des Welthandels. Besonders innerhalb des europäischen Marktes ist der Anteil des intra-industriellen Handels sehr hoch. So werden deutsche Kleinwagen nach Frankreich exportiert, aber auch französische Kleinwagen auf die andere Seite des Rheins verkauft. Es können zwei wesentliche Ursachen für intra-industriellen Handel ausgemacht werden: Produktdifferenzierung und Skaleneffekte.

Produktdifferenzierung bedeutet, dass die Produkte innerhalb einer Industrie nicht komplett die gleichen Eigenschaften aufweisen. Portugiesischer Wein schmeckt ein wenig anders als französischer Wein. Daher kaufen Portugiesen gelegentlich auch französischen Wein, obwohl sie selber Wein produzieren. Deutsche Kleinwagen unterscheiden sich von der Konkurrenz aus Frankreich in Ausstattung, Design, Preisgestaltung, Service und vielen anderen Bereichen.

Positive Skaleneffekte liegen vor, wenn sich das Produktionsergebnis durch die Verdopplung der Produktionsmittel mehr als verdoppelt. Wenn die Fixkosten relativ hoch sind, zum Beispiel, wenn eine Fabrik gebaut werden muss, sinken die Durchschnittskosten mit jedem weiteren produzierten Gut. Durch Handel ist es den Herstellern möglich, einen größeren Markt zu bedienen und mehr Güter zu geringeren Durchschnittskosten herzustellen. Daher ergibt es Sinn, wenn deutsche Autohersteller auch den französischen Markt bedienen und nicht nur den deutschen. Intra-industrieller Handel führt dazu, dass Produzenten zu geringeren Kosten produzieren können, ausländische Anbieter für mehr Konkurrenz sorgen und so eine größere Produktvielfalt und niedrigere Preise für die Konsumenten ermöglicht werden.

Die Terms of Trade – Wie du mir, so ich dir

Für den internationalen Handel gilt: je höher die Preise der verkauften Güter (Exporte) und je niedriger die Kosten für die Einkäufe (Importe), desto besser. Wir kennen das aus unserem alltäglichen

Leben: Wir freuen uns schließlich auch über einen hohen Stundenlohn und über möglichst niedrige Preise für die Waren und Dienstleistungen, die wir jeden Tag einkaufen. Das reale Tauschverhältnis wird als »Terms of Trade« bezeichnet: Wie viele Waren bekommt man im Gegenzug für den Verkauf der eigenen Waren ins Ausland? Diese Frage beantworten die Terms of Trade. Offensichtlich hängt die Vorteilhaftigkeit des Handels von den Preisen der Exporte und Importe ab. Der Preis des Exportgutes wird durch den Preis des Importgutes geteilt und dieser Quotient ergibt die Terms of Trade. Wenn die Preise für das Exportgut steigen, steigt auch der Quotient und die Terms of Trade verbessern sich. Ein Anstieg der Importpreise dagegen verkleinert den Quotienten, und der Wohlfahrtsgewinn aus dem Handel verringert sich. Im schlimmsten Fall kann der Wohlfahrtsgewinn auf null sinken, was einer Rückkehr zum Zustand ohne Handel entspräche. Handel ist daher immer besser als kein Handel.[14]

Handelspolitik in Form von Importzöllen und Exportsubventionen verändert die Terms of Trade. Oft werden sie nicht mit der Intention eingeführt, die Terms of Trade zu verbessern, sondern die Einführung ist durch Einkommensumverteilung oder durch Protektionismus von heimischer Industrie motiviert, wie schon Smith erkannt hatte. Importzölle und Exportsubventionen treiben eine Art Keil zwischen den Preis im Inland und den Preis im Ausland. Die Terms of Trade sind abhängig von den Preisen an den Außengrenzen und nicht von den Preisen im Inland, da für den Handel immer nur die jeweiligen Preise relevant sind, mit denen die ausländischen Kunden konfrontiert werden, da sie von diesen Preisen ihre Nachfrage abhängig machen. Was wäre der Effekt, wenn ein Land, das Nettoimporteur von Weizen und Nettoexporteur von Computern ist, einen Importzoll auf Weizen verlangte? Die inländischen Konsumenten wären mit höheren Preisen konfrontiert und würden ihren Konsum einschränken. Die inländischen Produzenten würden dagegen ihr Angebot ausweiten. Damit verändert sich die Nachfrage nach Weizen aus dem Inland. Der Außenpreis der ausländischen Produzenten müsste sinken, da die gesamte Nachfrage der Inländer nach Weizen durch den Zoll sinkt. Ein sinkender Preis für Importe verbessert die Terms of Trade. Ob nun Importzölle und Exportsubventionen die Terms of Trade verbessern, hängt von dem relativen Anteil der Ex-/Importe eines Gutes am Gesamthandel des Gutes ab. Je größer der Anteil der eigenen Importe an dem Gesamthandel des Gutes, desto mehr Einfluss haben die Maßnahmen auf den Preis und damit auf das reale Tauschverhältnis. Ein kleines Land wie Liechtenstein wird kaum eine Änderung der Gesamtnachfrage nach Weizen bewirken können, wenn es einen Zoll einführt. Wenn dagegen die USA einen Zoll auf Weizen einführten, hätte das einen großen Einfluss auf die relative Nachfrage und damit auf den Preis. Je größer ein Land ist, desto mehr könnte es durch die Einführung von Zöllen profitieren, da seine Terms of Trade sich verbessern.

Ähnliche Überlegungen lassen sich für Exportsubventionen anstellen. Sie führen dazu, dass das relative Angebot auf dem Weltmarkt ausgeweitet wird und damit die Preise für die Exporte sinken. Dies ist schlecht für die Terms of Trade, da sich bei gleichbleibenden Importpreisen, aber fallenden Exportpreisen das reale Austauschverhältnis verschlechtert. Auch hier gilt, dass die Größe des Landes entscheidend ist. Je größer das Land, desto größer ist der negative Preiseffekt. Wenn Liechtenstein den Export von Computern subventioniert, wird dies so gut wie keinen Effekt auf das Weltangebot haben. Eine Exportsubvention für Computer der USA hätte dagegen einen Effekt auf den Weltmarktpreis. Festhalten lässt sich: Zölle können die Terms of Trade verbessern, Subventionen können sie verschlechtern. Das Ausmaß der Verbesserung bzw. Verschlechterung der Terms of Trade hängt von der Größe des Landes ab. Es ist offensichtlich, dass eine Exportsubvention niemals im »Interesse des eigenen Landes« sein kann. Sie verschlechtert die Terms of Trade, und von den niedrigeren Preisen profitiert nur das Ausland. Aber auch Importzölle sind mit Vorsicht zu genießen.

Erstens führt der Zoll zu verbesserten Terms of Trade auf Kosten der übrigen Welt. Allerdings ist der Wohlfahrtseffekt im Land selber auch nicht ganz so eindeutig. Die inländischen Produzenten gewinnen, da sie nun weniger Konkurrenz haben und zu höheren Preisen eine größere Menge verkaufen können. Die inländischen Konsumenten dagegen verlieren gleich an zwei Fronten. Sie müssen höhere Preise zahlen und konsumieren weniger Waren und

Dienstleistungen, da diese nun teurer geworden sind. Diese weder produzierten noch gehandelten oder konsumierten Güter stellen den Wohlfahrtsverlust der Gesellschaft dar. Je höher der Zoll, desto höher ist der Verlust.

Zweitens könnte die Einführung von Importzöllen eine Gegenreaktion des Auslands zur Folge haben. Ein Zoll des Auslands auf die eigenen Exporte würde die Terms of Trade verschlechtern. Wer also mit Hilfe der Terms of Trade für die Einführung von Zöllen argumentiert, nimmt an, dass die Einführung keine Gegenreaktion zur Folge hat. Die Terms of Trade verdeutlichen sehr gut, dass jeder individuell den Anreiz haben kann, Zölle einzuführen. Das führt freilich zu einer Art Gefangenendilemma. Dieses Phänomen bezeichnet eine Situation, in der Kooperation (hier: keine Zölle) für alle Beteiligten besser wäre als die individuell bessere, »egoistische« Strategie zu verfolgen (hier: Einführung von Zöllen). In der Handelspolitik besteht immer die Gefahr, dass alle Länder die »egoistische« Strategie wählen und Zölle erheben, denn es lockt die Verbesserung der Terms of Trade. Wenn alle diese Strategie verfolgen, führt das allerdings dazu, dass damit niemand einen Vorteil durch verbesserte Terms of Trade genießt, aber alle entsprechende Wohlfahrtsverluste hinnehmen müssen, die aus den nichtgehandelten Waren und Dienstleistungen resultieren. Handelsabkommen können einen Weg darstellen, dem individuellen Anreiz zum Erheben von Zöllen zu begegnen.

Internationale Kooperation ist wünschenswert

Den Wettstreit der ökonomischen Theorien der Vergangenheit und Gegenwart hat der Freihandel stets für sich gewonnen. Freiwillige Kooperation von Menschen über Landesgrenzen hinweg gereicht den Beteiligten zum Vorteil, denn Handel ist kein Nullsummenspiel, bei dem der eine gewinnt, was der andere verliert. Wäre es nicht für die beteiligten Parteien von Vorteil, würden sie den Handel nicht eingehen. Ricardo hat gezeigt, dass selbst Menschen, die anderen Menschen in jeder Hinsicht unterlegen sind, einen komparativen Vorteil haben und von Spezialisierung und Tausch profitieren können. Dies ist die wohl wichtigste Botschaft: Gerade die

Ärmsten der Welt können von einer verstärkten Kooperation mit dem Rest der Welt profitieren.

Literatur

Gömmel, Rainer/Klump, Rainer, Merkantilisten und Physiokraten in Frankreich, Darmstadt 1994.

Krugman, Paul R./Obstfeld, Maurice, Internationale Wirtschaft: Theorie und Politik der Außenwirtschaft, München 2009.

Mankiw, N. Gregory/ Taylor, Mark P., Grundzüge der Volkswirtschaftslehre, Stuttgart 2008.

Ricardo, David, On the Principles of Political Economy and Taxation, London 1817.

Smith, Adam, Der Wohlstand der Nationen. Eine Untersuchung seiner Natur und seiner Ursachen, München 2003.

JENS HERTHA

Bi- und Plurilaterale Handelsabkommen – Eine Gefahr für den globalen Freihandel?

Die vergangenen Jahrzehnte waren durch einen beispiellosen Anstieg des weltweiten Handelsvolumens gekennzeichnet, einhergehend mit einem nie dagewesenen Wohlstandswachstum sowohl in den Industrie- als auch den allermeisten Entwicklungsländern. So hat sich von 1990 bis 2014 der Handel mit physischen Gütern nominal mehr als verfünffacht, der Handel mit kommerziellen Dienstleistungen sogar mehr als versechsfacht. Zeitgleich hat sich auch das durchschnittliche nominale Bruttoinlandsprodukt pro Kopf in den Entwicklungs- und Schwellenländern mehr als verfünffacht und das der Industrienationen auf hohem Niveau mehr als verdoppelt. Selbst die einschneidenden Auswirkungen der Weltwirtschaftskrise, die ihre Anfänge im Jahre 2007 auf den internationalen Finanzmärkten nahm, konnten nominal bis 2011 überwunden werden. In den letzten Jahren hat sich die Wachstumsdynamik jedoch deutlich verringert. Von 2011 bis 2014 wuchs das Güterhandelsvolumen durchschnittlich um nur drei Prozent pro Jahr und entsprach somit in etwa dem schwachen jährlichen Durchschnittwachstum der weltweiten Produktion.[15]

Im Jahre 2015 wurde das erste Mal seit der Finanzmarktkrise ein deutlicher Rückgang der nominalen Produktion pro Kopf im Vergleich zum Vorjahr verzeichnet. Der weltweite Dienstleistungshandel schrumpfte um rund sechs Prozent, der Güterhandel sogar um 13 Prozent (Abb. 1)[16]. Autoren wie Constantinescu et al. sehen den Grund für die schwache Entwicklung des Welthandels in den letzten Jahren in strukturellen Veränderungen und der Verlangsamung der vertikalen Spezialisierung weltweit[17]. Auch könnte man gefallene Rohstoffpreise und schwache Wachstumsdynamiken in einigen Entwicklungsländern als Ursache anführen. Dieser Artikel geht der Frage nach, ob auch die weitverbreiteten bi- und plurilateralen Handelsabkommen zumindest eine Mitschuld an besagten Entwicklungen haben und ob sie ferner einem florierenden Welthandel in der Zukunft im Wege stehen könnten.

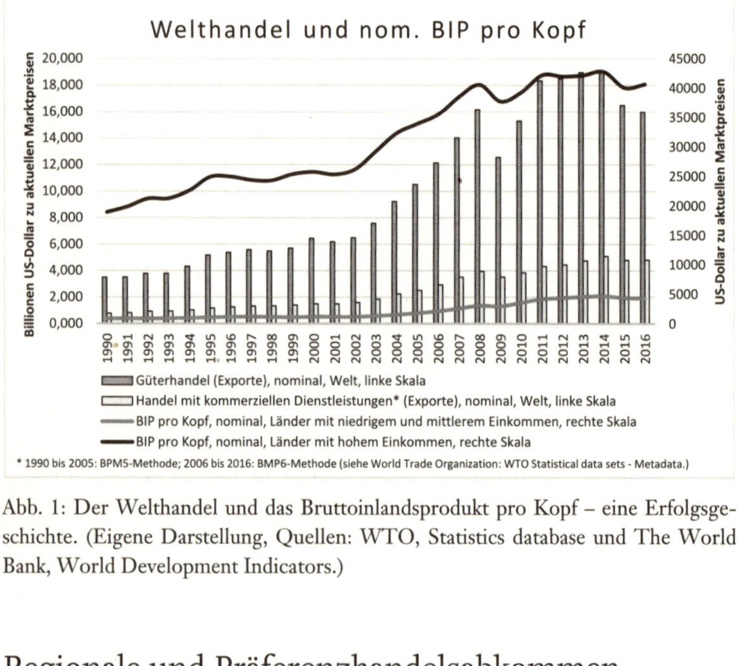

Abb. 1: Der Welthandel und das Bruttoinlandsprodukt pro Kopf – eine Erfolgsgeschichte. (Eigene Darstellung, Quellen: WTO, Statistics database und The World Bank, World Development Indicators.)

Regionale und Präferenzhandelsabkommen

In den letzten Jahren stieg die Zahl der Regionalen Handelsabkommen (RHA) stark an: Seit Juni 2016 haben nun alle WTO-Mitgliedsländer mindestens eines dieser Abkommen unterzeichnet. Die Welthandelsorganisation definiert ein RHA als eine Vereinbarung zwischen zwei oder mehreren Nationen, die gegenseitige Handelserleichterungen unterschiedlichster Art vorsieht. Darunter fallen sowohl Freihandelszonen als auch Zollunionen[18]. Konnten zu

Hochzeiten der jüngsten Finanz- und Weltwirtschaftskrise noch rund 200 implementierte RHA gezählt werden, verzeichnete die WTO im Juni 2017 bereits 279 in Kraft getretene Abkommen. Angesichts der vielen Bekanntgaben (»Notifications«) durch WTO-Mitgliedsstaaten hinsichtlich deren (geplanter) Beitritte zu bestehenden oder neuen RHA dürfte jene Zahl weiter steigen (Abb. 2)[19].

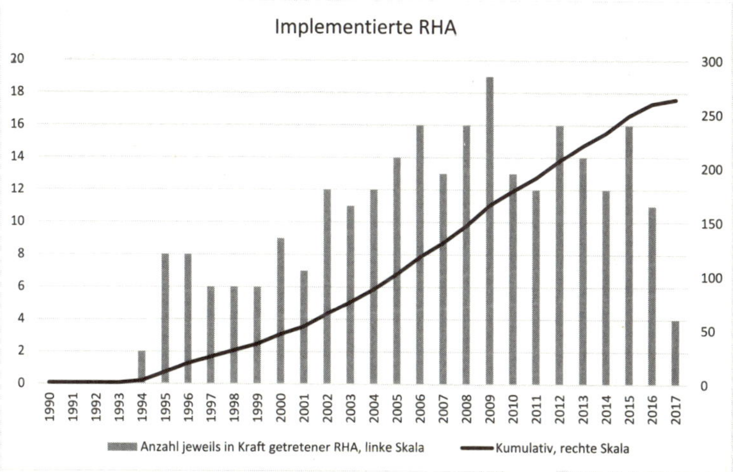

Abb. 2: Die Entwicklung der in Kraft getretenen RHA der WTO-Mitgliedsstaaten seit 1990. Hierunter fallen auch Beitritte von Nationen zu bereits bestehenden Abkommen. Wurden Vereinbarungen zu Gütern beziehungsweise Dienstleistungen zu unterschiedlichen Zeitpunkten beschlossen, fand nur das spätere Datum Berücksichtigung. (Eigene Darstellung, Quelle: WTO, Regional Trade Agreements.)

Baldwin und Thornton vergleichen das Geflecht an sich überlappenden weltweiten RHA gar mit einer unübersichtlichen »Spaghettischüssel«, was die analytische und juristische Komplexität dieses globalen Vertragsnetzwerkes verdeutlichen soll.[20] Abbildung 3 verdeutlicht diese Spaghettischüssel anhand aller RHA, in die die Europäische Union involviert ist.

Zudem hat mittlerweile praktisch jedes Land der Erde mindestens ein sogenanntes Präferenzhandelsabkommen (PHA) unterzeichnet. Gemäß der WTO bezeichnet diese Art von Handelsabkommen in erster Linie das Gewähren von unilateralen, also nichtgegenseitigen, Zollerleichterungen eines Staates oder einer Gruppe von Staaten, meist Industrienationen, gegenüber einer anderen Nation oder Staatengruppe, meist Entwicklungsländern. Diesem Kriterium folgend zählt die Weltbank aktuell mehr als 330 implementierte PHA[21].

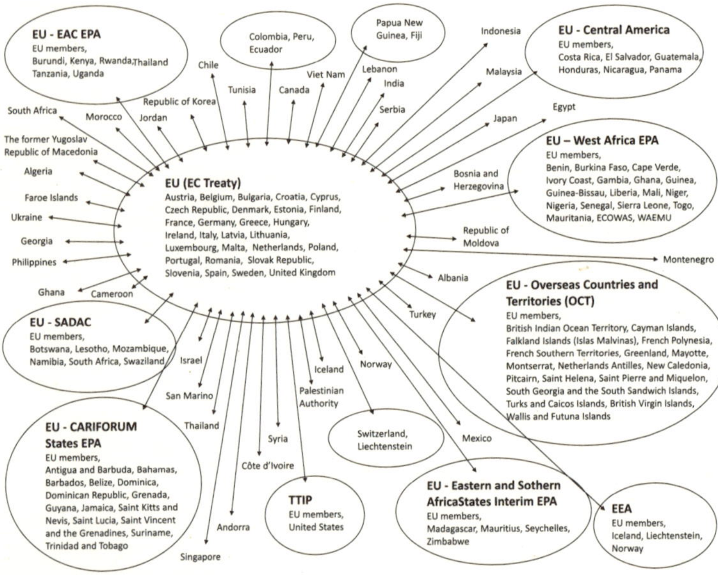

Abb. 3: Ein Teil der globalen »Spaghettischüssel« – Sämtliche bi- und plurilaterale Handelsabkommen der EU, die bis zum Sommer 2017 entweder verhandelt oder bereits implementiert wurden. (Eigene Darstellung, Quelle: WTO, Regional Trade Agreements.)

Für die WTO gehören die so definierten RHA und PHA zu den wenigen Ausnahmen, unter denen es – geknüpft an einige Bedingungen – möglich ist, gegen das Grundprinzip der Nichtdiskriminierung zu verstoßen. Dieser Grundsatz besagt, dass ein WTO-Mitgliedsstaat ein importiertes Gut von einem Staat nicht gegenüber einem gleichwertigen Gut von einem anderen Staat bevorzugen darf. In diesem Zusammenhang findet das Most-Favoured-Nation-Prinzip (MFN) Anwendung. Gewährt ein WTO-Mitglied einem anderen eine Handelserleichterung, muss diese Erleichterung auch allen anderen Mitgliedern zugesprochen werden. Man spricht dann von MFN-Zöllen. Insbesondere mithilfe von Freihandelszonen und Zollunionen kann von besagtem Grundsatz abgewichen werden. So können Präferenzzölle implementiert werden, solange die Handelsbarrieren gegenüber Drittstaaten nicht erhöht werden[22]. Der Einfachheit halber wird von nun an nur noch von RHA die Rede sein. Hierbei werden Präferenzhandelsabkommen miteingeschlossen, sofern nichts anderes angegeben ist.

Die stetig wachsende Zahl der uni-, bi- und plurilateralen Handelsabkommen bringt gewaltige Risiken für den internationalen Handel mit sich. Ökonomen erachten die Anstrengungen der WTO, mithilfe von multilateralen Übereinkommen einen Großteil des globalen Handels zu liberalisieren und Handelshemmnisse dauerhaft aus der Welt zu schaffen, als die sogenannte wohlstandsmaximierende First-Best-Solution[23]. RHA stellen nicht nur eine Gefahr für diese globale Strategie dar, sondern können in der Tat auch als eine der Ursachen angeführt werden, weshalb in den letzten Jahren das weltweite Wachstum hinsichtlich Handel und Produktion an Dynamik eingebüßt hat.

Zuallererst sollen im nächsten Abschnitt die drängendsten Probleme der WTO dargelegt werden. Danach werden die wichtigsten Beweggründe erläutert, weshalb RHA für viele Länder so attraktiv zu sein scheinen. Im letzten Abschnitt soll schließlich erörtert werden, weshalb von besagten Handelsabkommen ernstzunehmende Gefahren für den multilateralen Freihandel, die Ziele der WTO und somit für den globalen Wohlstand ausgehen.

Die Probleme der WTO

Im Jahre 1995 wurde die WTO als institutionalisierte Nachfolgerin des General Agreement on Tariffs and Trade (GATT) gegründet. Als dritte supranationale Organisation neben der Weltbank und dem Internationalen Währungsfonds sollte sie somit eine entscheidende Rolle auf der wirtschaftspolitischen Weltbühne spielen. Der WTO wurden unter anderem die Aufgaben zugesprochen, die Einhaltung bestehender Handelsabkommen zwischen ihren mehr als 160 Mitgliedern[24] zu überwachen, neue Verhandlungen zu koordinieren, bei Handelskonflikten zu vermitteln sowie Entwicklungsländer bei Handelsfragen zu unterstützen. Diese weitreichenden Befugnisse wurden später explizit auf Freihandelsfragen hinsichtlich der Bereiche Textilien, Landwirtschaft und Dienstleistungen ausgeweitet, einhergehend mit Regulierungsregimes für geistige Eigentumsrechte und weltweite Investitionen. Dadurch wurden große Hoffnungen geweckt, die letzten weltweiten Barrieren für Freihandel und somit Wohlstand mithilfe der WTO auf multilateraler Ebene überwinden zu können[25].

Tatsächlich wurden einige dieser Erwartungen auch erfüllt oder gar übertroffen. So war der Großteil der WTO-Schlichtungsverfahren in den letzten Jahren sehr erfolgreich, und die 1994 in der Uruguay-Runde vereinbarten Handelsliberalisierungen für viele wichtige Gütermärkte trugen maßgeblich zu ungeahnten Steigerungen der weltweiten Handelsaktivität bei.[26] Die meisten Industrienationen, aber auch mehrere Entwicklungs- und Schwellenländer öffneten sukzessive eine Vielzahl ihrer Märkte für den internationalen Warenverkehr. Man könnte ab dem Ende der Neunzigerjahre gar von einer konzertierten Reduktion der bis dato sehr hohen Durchschnittszölle in den Entwicklungsländern sprechen (Abb. 4), was für diese Staaten den Weg aus der Armut und hin zu Globalisierung und Prosperität ebnete (Abb. 5).[27]

Trotz dieser Erfolge hat sich der Wind in den letzten Jahren deutlich gedreht. Die Verhandlungen der Doha-Runde sind seit Jahren festgefahren[28]. Die Gründe hierfür sind vielschichtig. Unter anderem zeigten sich viele Entwicklungsländer enttäuscht über die begrenzten Zugeständnisse der reichen Nationen in den Sektoren Landwirtschaft und Textilien. Außerdem haben sich inzwischen viele Schwellenländer zu Nettoimporteuren von Nahrungsmitteln gewandelt, die von verzerrten Niedrigpreisen profitieren. Anderen ist heute Preisstabilität um einiges wichtiger als zu Beginn der Doha-Verhandlungen, was dem Protektionismus Vorschub leistet[29]. Auf der anderen Seite wurden inzwischen in vielen Süd-Ländern bedeutende Handelsbarrieren beseitigt – der Liberalisierungsappetit könnte vorerst gestillt sein. Hinzu kommen geopolitische Spannungen und regelmäßige Regierungswechsel oder politische Umbrüche[30]. In vielen Entwicklungsländern verzögert sich aber nicht nur deshalb die Umsetzung der 2013 in Bali beschlossenen multilateralen Handelserleichterungen. Häufig sind schlichtweg die Implementierungskosten zu hoch oder die politischen Anreize zu gering[31].

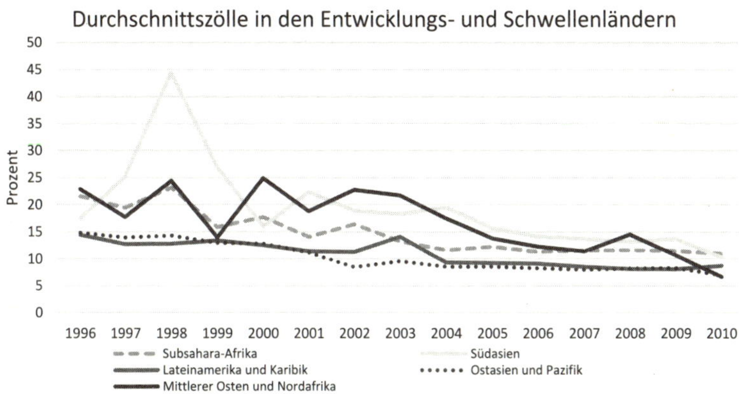

Abb. 4: Seit den 90er-Jahren gehen die durchschnittlich angewandten Zölle in den Entwicklungsregionen weltweit deutlich zurück. Länder mit hohem Einkommen gemäß der Weltbank-Klassifikation wurden nicht berücksichtigt. (Eigene Darstellung, Quelle: The World Bank, World Development Indicators.)

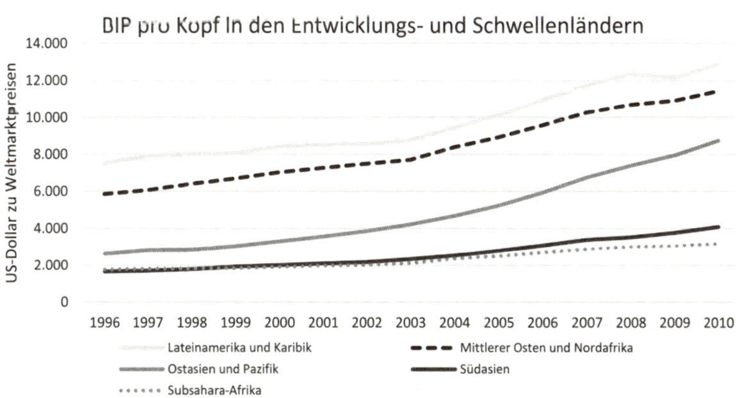

Abb. 5: Die Reduktion der Durchschnittszölle geht in den allermeisten Entwicklungsländern einher mit einem beeindruckenden Wohlstandswachstum für deren Bevölkerung. Auch hier fanden Länder mit hohem Einkommen gemäß der Weltbank-Klassifikation keine Berücksichtigung. (Eigene Darstellung, Quelle: The World Bank, World Development Indicators.)

Zusätzlich kann auch der in den letzten Jahren gewachsene Unmut gegenüber Globalisierung und internationalen Institutionen dafür mitverantwortlich gemacht werden, dass sich immer weniger Staaten aktiv für den Multilateralismus einsetzen[32]. Laut dem Forschungsinstitut Gallup wurde weltweiter Freihandel beispielsweise zu Beginn der Doha-Verhandlungen von einer breiten Mehrheit der US-Bürger favorisiert. Im Jahre 2008 sank die Zustimmung auf nur noch rund 40 Prozent und stieg bis 2013 nur langsam wieder auf über 50 Prozent. Ähnliche Entwicklungen in mehreren westlichen Ländern drosselten die Verhandlungsdynamik innerhalb der WTO gewaltig[33].

Dass besagte Zustimmungswerte mit über 70 Prozent ausgerechnet 2017 ein Allzeithoch erreicht haben, mag vor allem daran liegen, dass viele Amerikaner US-Präsident Trump Glauben schenken, er könne neue Handelsabkommen abschließen, die vor allem den USA nützen würden[34]. Interessanterweise sind laut einer Allensbach-Studie momentan aber auch über 60 Prozent der Deutschen positiv gegenüber der Globalisierung gestimmt. Beim Thema Freihandel liegen die Zustimmungswerte sogar bei über 80 Prozent[35], während innerhalb der EU vor allem die Deutschen ein Freihandelsabkommen mit den USA mit überwältigender Mehrheit ablehnen[36]. Es ist jedoch vermutlich zu optimistisch, anzunehmen, dass diese jüngsten Entwicklungen den multilateralen Welthandel stärken könnten – angesichts eines US-Präsidenten, der die WTO als »Desaster«[37] erachtet; des bevorstehenden Ausstiegs Großbritanniens aus der EU; nationalkonservativer, antidemokratischer Bestrebungen in NATO-Staaten wie Polen, Ungarn und der Türkei; als auch angesichts wachsender Spannungen zwischen aufstrebenden Weltmächten wie Indien und China[38].

Auch die auf Konsens basierenden Abstimmungsstrukturen und strikten Reglementierungen der WTO sowie der gestiegene Einfluss der Entwicklungsländer bremsen die multilateralen Verhandlungen aus. Tatsächlich scheint es im Bereich des Welthandels an einer den heutigen Bedürfnissen angepassten Global Governance, also einer starken Institution zur globalen Koordination und Kontrolle, zu fehlen. Die momentane Ausgestaltung der WTO scheint dieser Rolle – beispielsweise in Hinblick auf Nachhaltigkeit, Klimawandel, wiedererstarkenden Protektionismus oder demokratische Grundrechte – nicht mehr gerecht zu werden. Solange sich die mächtigen G-20-Staaten in Zusammenarbeit mit anderen internationalen Institutionen nicht gemeinsam für eine Reform der WTO unter den Gesichtspunkten demokratischer Repräsentation und Legitimität einsetzen, gehören umfassende multilaterale Freihandelsrunden wohl vorerst der Vergangenheit an[39].

Die Attraktivität von Präferenzhandelsabkommen

In den 90er-Jahren unterzeichneten vor allem diejenigen Staaten RHA, die zuvor dem Warschauer Pakt oder der Sowjetunion angehört hatten. Die Bush-Administration nutzte RHA später als geo- und handelspolitisches Instrument, und auch die EU beschloss mehrere Handelsabkommen mit Staaten auf der ganzen Welt. Insbesondere die zweite Obama-Administration hat schließlich die beiden großen RHA Trans-Pacific Partnership (TPP) mit elf Pazifikanrainern sowie Transatlantic Trade and Investment Partnership (TTIP) mit der EU vorangetrieben[40]. Da die Regierung Trump jedoch beiden Abkommen sehr skeptisch gegenübersteht, ist davon auszugehen, dass TPP wohl ohne die Beteiligung der USA ratifiziert werden wird, während die Zukunft der auch in Deutschland sehr unbeliebten TTIP ungewiss bleibt. Nichtsdestotrotz scheint insbesondere die Beliebtheit von kleineren, oft bilateralen Abkommen ungebrochen, da sie sowohl für Industrienationen als auch für Entwicklungsländer einige Vorteile bieten[41].

Generelle Anreizstrukturen

Im Allgemeinen ist der Nutzen eines RHA für dessen Mitglieder am größten, wenn diese geographisch nahe beieinanderliegen, was insbesondere die Europäische Union tagtäglich unter Beweis stellt. Ferner steigt die Wahrscheinlichkeit, dass zwei Staaten ein bilaterales Handelsabkommen abschließen, wenn dadurch die betroffenen Produzenten auf der einen Seite besser gestellt werden, während die Produzenten der anderen Ökonomie zumindest nicht schlechter gestellt werden[42]. So kann es sein, dass ein Entwicklungsland einer Industrienation unilaterale Handelserleichterungen für spezifische Produkte garantiert und beide davon profitieren. Ersteres erhält einfacheren Zugang zu fortschrittlichen Investitions- oder Konsumgütern, wohingegen Letzteres einen neuen Absatzmarkt für sich gewinnen kann, ohne Konkurrenz aus Drittländern fürchten zu müssen. Die internationalen Folgen dieser Präferenzpolitik sind jedoch häufig nicht abzusehen.

Zusätzlich ermöglichen es kleine RHA-Verhandlungsrunden häufig, schneller und effizienter gegen spezifische Handelshemmnisse vorzugehen, als dies im Rahmen des WTO-Multilateralismus denkbar wäre. Hierzu trägt auch die Tatsache bei, dass jene Gespräche meist geheim geführt werden – im Gegensatz zu den öffentlichen Verhandlungsrunden der WTO. Zudem erlauben es uni-, bi- und plurilaterale Abkommen, Marktverzerrungen gezielt aufrechtzuerhalten. Beispielsweise profitiert Bangladeschs Kleidungsindustrie von US-amerikanischen Baumwollsubventionen, weil dieser Sektor oft in multilateralen Abkommen ausgenommen wurde. Die dadurch bedingten Preisverzerrungen führen jedoch zu einem enormen Preisdruck, unter dem beispielsweise westafrikanische Baumwollexporteure massiv zu leiden haben[43].

Weiterhin kann argumentiert werden, dass RHA kleinen Staaten dabei helfen können, ihre Kenntnisse über internationale Verhandlungen und Verträge via Learning by Doing zu erweitern und somit in der Zukunft für größere, globale Konferenzen gewappnet zu sein. Die Vertragswerke ermöglichen zudem, gewünschte innenpolitische Reformen in Partnerländern anzustoßen und langfristig zu implementieren. Beispiele sind Investitionsschutz- oder Antikorruptionsklauseln, um die Rechtsstaatlichkeit zu fördern. Nicht zuletzt können RHA natürlich dabei helfen, zwischenstaatliche Beziehungen zu festigen und strategische Allianzen zu schmieden[44].

Industrienationen

Vor allem die Länder mit hohen Einkommensniveaus haben RHA als Mittel für sich entdeckt, die weltweiten Zulieferketten ihrer Industrien wie auch getätigte Investitionen im Ausland zu unterstützen und zu schützen. Im Allgemeinen sollen der grenzüberschreitende Verkehr von Gütern, Menschen, Ideen und Kapital erleichtert werden und ausgelagerte Produktions- und Zulieferketten gesichert werden. Im Speziellen wird meist angestrebt, Know-how und High-Tech mit den günstigeren Produktionskosten der Entwicklungsländer effizient zu kombinieren.

In diesem Zusammenhang erhöhen mehr und mehr Unternehmen und Lobbygruppen in den Industrienationen den Druck auf ihre Regierungen, Aspekte wie Patentrecht, Investitionssicherheit, Schutz geistigen Eigentums, aber auch Arbeitnehmerrechte in Handelsabkommen mit aufzunehmen. Diese Verhandlungsbereiche werden auch mit »WTO-Plus« beziehungsweise »WTO-Extra« (zusammengefasst »WTO+/x«) umschrieben, da sie entweder multilaterale Vereinbarungen ergänzen oder darüber hinausgehen.[45]

Dass die entwickelten Länder diesbezüglich RHA statt der WTO-Foren bevorzugen, hat auch noch einen anderen Hintergrund. Staaten wie China, Indien und Brasilien sind strikt gegen eine Intensivierung der Zusammenarbeit in den Bereichen WTO+/x. Vor allem die US-Regierung weicht deshalb verstärkt auf RHA mit kleineren Entwicklungsländern aus. Bhagwati hat in diesem Zusammenhang bereits 1994 vorausgesehen: »[A] hegemonic power is likely to gain a greater payoff by bargaining sequentially with a group of non-hegemonic powers rather than simultaneously.«[46] Aus Sicht der USA erscheint dieses Vorgehen also durchaus sinnvoll, jedoch nimmt man damit in Kauf, dass der Multilateralismus vollends auf der Strecke bleibt.

Entwicklungsländer

Die sogenannte Enabling Clause und andere Regelungen in den Statuten der WTO gestehen den Entwicklungsländern umfangreiche Ausnahmen von den Nichtdiskriminierungsgrundsätzen zu. Selbstbewusster als je zuvor haben jene Länder in den letzten Jahren von diesen Möglichkeiten Gebrauch gemacht und sich vor allem gegenseitig exklusive Handelserleichterungen gewährt. Größere Schwellenländer nutzen die Ausnahmen zusehends auch dafür, Geopolitik zu betreiben oder sich Wettbewerbsvorteile auf wichtigen Wachstums- oder Rohstoffmärkten zu verschaffen[47].

Innerhalb der WTO wurde in den letzten Jahren zudem deutlich, dass sich die Kräfteverhältnisse zugunsten der Entwicklungsländer verschieben. Haben Staaten mit geringem bis mittlerem Einkommensniveau im Jahr 2000 noch rund 16 Prozent zur weltweiten Produktion beigetragen, war es 2016 bereits mehr als ein Drittel[48]. Dieser wachsende ökonomische Einfluss spiegelt sich auch in einem deutlich selbstbewussteren Auftreten der Entwicklungsländer in multilateralen Verhandlungsrunden wider. Außerdem wächst die Zahl der WTO-Schlichtungsverfahren, in denen diese Nationen involviert sind.

In Kombination mit den alten Rollenbildern der unnachgiebigen Industrienationen und den konsensbasierten Strukturen der WTO wirkt der Multilateralismus auf viele aufstrebende Staaten als zu bürokratisch und antiquiert. Einige Beobachter glauben, dass die Doha-Runde oder alternative Verhandlungen nur dann erfolgreich sein können, wenn westliche Nationen Entwicklungsländern wie China und Indien ihre angemessene Rolle auf der Weltbühne zugestehen und stärker als zuvor Vereinbarungen auf Augenhöhe anstreben. Bis dahin scheint die Bevorzugung von RHA auf beiden Seiten unabwendbar[49].

Globale Perspektive

Tatsächlich weisen manche theoretische wie auch empirische Arbeiten darauf hin, dass einige RHA in den letzten Jahren Vorteile für die Weltwirtschaft gebracht haben. Liu zum Beispiel konnte zeigen, dass vor allem Staaten, die nicht WTO-Mitglied sind, von RHA profitierten.[50] Büge unterstreicht die Möglichkeit positiver Effekte von bilateralen Abkommen auf ausländische Direktinvestitionen in Entwicklungsländern[51]. Ökonomen wie beispielsweise Hayakawa, Kimura und Nabeshima haben außerdem herausgefunden, dass vor allem einige WTO+/x-Elemente in Handelsabkommen signifikant positive Effekte auf die beteiligten Volkswirtschaften haben können.[52]

Andere Forschungsergebnisse sind weniger eindeutig. Urata und Okabe beispielsweise konnten nachweisen, dass der Einfluss von Freihandelszonen und Zollunionen auf die weltweiten Handelsströme sehr stark von den betroffenen Sektoren und der spezifischen Ausgestaltung der Abkommen abhängt[53]. Autoren wie Maggi bieten eine übersichtliche Zusammenfassung zum aktuellen Forschungsstand bezüglich der Ausgestaltung von RHA und ihren potenziellen Auswirkungen[54].

Die Problematik von Präferenz- und Regionalen Handelsabkommen

Auf lange Sicht birgt die wachsende Zahl von uni-, bi- und plurilateralen Handelsabkommen enorme Risiken in sich, welche nicht nur die multilateralen Anstrengungen der WTO unterminieren, sondern auch eine echte Gefahr für den globalen Handel darstellen können. Einige dieser negativen Auswirkungen sind bereits heute zu spüren.

Nichtmultilaterale Handelsabkommen – Die überschätzten Heilsbringer

Befürworter von RHA argumentieren, dass solche Abkommen multilaterale Freihandelsansätze unterstützen und globale Liberalisierungsprozesse beschleunigen. Auf den ersten Blick können Zahlen aus dem WTO-Welthandelsbericht 2011 diese Thesen untermauern. In ihm wird unter anderem der Anteil am Welthandel beleuchtet, der innerhalb von RHA abgewickelt wird. Lässt man den gemeinsamen EU-Binnenmarkt außen vor, stieg diese Größe zwischen 1990 und 2008 von 18 Prozent auf 35 Prozent. Berücksichtigt man zudem den Handel zwischen den EU-Mitgliedern, sind es gar 28 Prozent beziehungsweise 51 Prozent.[55] Heute dürften diese Kennzahlen noch größer ausfallen.

Gleichzeitig unterstreicht die WTO, dass innerhalb von RHA vor allem physische Waren gehandelt werden. Für viele dieser Güter gelten jedoch aufgrund von erfolgreichen GATT- und WTO-Runden ohnehin allgemeingültige MFN-Zölle von null Prozent, welche sämtlichen WTO-Mitgliedern gewährt werden müssen (siehe Abb. 6). Zudem sind in RHA häufig Güter ausgenommen, für die besonders hohe MFN-Zölle gelten, beispielsweise in der Landwirtschaft.

Berücksichtigt man diese Umstände, wurden zum Ende des letzten Jahrzehnts nur rund 16 Prozent des Welthandels auf Basis von tatsächlichen RHA-Handelserleichterungen abgewickelt. Bezieht man den EU-Binnenmarkt mit ein, beläuft sich dieser Anteil auf circa 30 Prozent. Zusätzlich wurden nur zwei Prozent des Welthandels mit Gütern getätigt, auf die eine deutliche RHA-bedingte Zollerleichterung, eine sogenannte Präferenzspanne, von mehr als zehn Prozentpunkten Anwendung fand. Mit Einbeziehung der EU beläuft sich jener Wert auf vier Prozent[56]. So gehen beispielsweise 95 Prozent der Exporte Chiles an Länder, mit denen es ein RHA abgeschlossen hat. Hierbei können aber nur auf 27 Prozent der Exporte Zollerleichterungen unterhalb des jeweiligen MFN-Niveaus angewandt werden. Für nur drei Prozent der Ausfuhren werden Präferenzspannen von mehr als zehn Prozent gewährt[57].

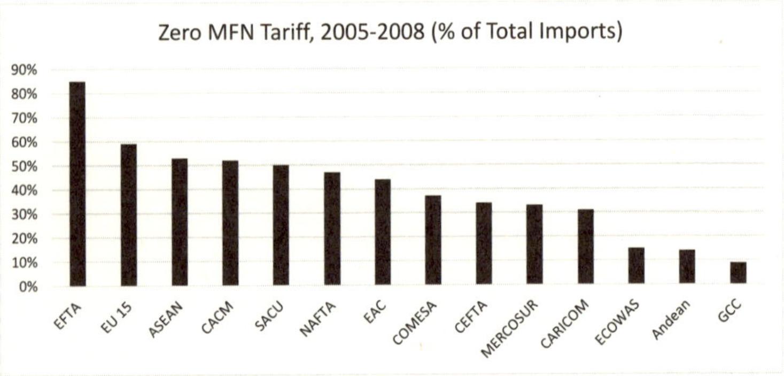

Abb. 6: Anteil der Importe in WTO-Freihandelsräume und -Zollunionen, für die in den Jahren 2005 bis 2008 durchschnittlich MFN Zölle von null Prozent galten. (Eigene Darstellung, Quelle: Baldwin, Multilateralising 21st Century Regionalism, 7.)

Deshalb kamen einige Ökonomen zu dem Schluss, dass RHA – zumindest in Hinblick auf Zollerleichterungen – nur einen begrenzt positiven Einfluss auf den Welthandel haben[58]. Andere Forscher konnten aufgrund von empirischen Untersuchungen sogar feststellen, dass RHA multilaterale Freihandelsansätze direkt behindern können. So zeigten beispielsweise die USA und die EU während der Uruguay-Runde wenig Bereitschaft, jene Sektoren zu liberalisieren, für die sie bereits zuvor mit mehreren Staaten Präferenzerleichterungen ausgehandelt hatten[59].

So kommen Irwin und auch andere Ökonomen zu dem Schluss, dass der sogenannte Open Regionalism bisher nicht funktioniert hat. Dieses Konzept beschreibt die Hoffnung, dass Drittstaaten von sich aus mehreren existierenden RHA beitreten und somit den Multilateralismus und die Harmonisierung der Welthandelsordnung aktiv vorantreiben. In der Realität jedoch scheinen die

Angleichung der vielen verschiedenen RHA-Regularien und der Beitritt zu bestehenden Abkommen häufig nur sehr schwer umsetzbar[60].

Interessensgelenkte Abweichungen vom Multilateralismus

Wie oben bereits erwähnt, haben diverse Unternehmen und deren Lobbygruppen – vor allem in den Industrie- und den großen Schwellenländern – RHA als Mittel zur Unterstützung beziehungsweise Abgrenzung ihrer Auslandsgeschäfte für sich entdeckt. Zum einen steigt die Wahrscheinlichkeit, dass multinationale Unternehmen von der Idee des globalen Freihandels abrücken, je höher deren Direktinvestitionen im Ausland sind – beispielsweise in Form von Tochterunternehmen. Handelshemmnisse in den Zielländern schützen diese Investitionen vor potenzieller Konkurrenz. Gleichzeitig dienen ausländische Direktinvestitionen nicht selten dazu, Handelsbarrieren gezielt zu umgehen, wovon nur die jeweiligen Unternehmen und die Zielländer profitieren.[61] So stiegen Mitte der 90er-Jahre die Investitionen aus Europa und Asien in Mexiko unter anderem deshalb rapide an, weil man sich den Zugang zum nordamerikanischen NAFTA-Gebiet sichern wollte.[62] Die Motivation, sich für globalen Freihandel einzusetzen, wird durch diese wechselseitigen Prozesse häufig unterminiert.

Ferner präferieren exportorientierte Unternehmen oftmals Handelsabkommen mit kleinen Ländern, um auf deren Märkten aufgrund niedrigerer RHA-Zölle einen Wettbewerbsvorteil gegenüber ausländischer Konkurrenz zu genießen.[63] Genannte Anreizstrukturen können unter anderem eine ineffiziente Ressourcenallokation, überhöhte Preise und Innovationshemmnisse in den Zielländern zur Folge haben. Davon profitieren dann meist nur einige wenige Unternehmen oder Sektoren, wohingegen andere potenzielle Marktteilnehmer vom Handel ausgeschlossen werden. Dies widerspricht nicht nur den Nichtdiskriminierungsgrundsätzen der WTO, sondern auch wichtigen marktwirtschaftlichen Prinzipien der Industriestaaten[64].

Ebenso birgt die Tatsache, dass viele Lobbygruppen aus den Industrienationen ihren Schwerpunkt auf WTO+/x-Elemente in RHA setzen, große Gefahren in sich. Als Konsequenz werden nämlich immer mehr Abkommen mit kleineren Entwicklungsländern abgeschlossen, um explizit die Blockadehaltung der großen Schwellenländer gegenüber diesen Verhandlungskapiteln auf multilateraler Ebene zu umgehen. Die Folge ist eine sich zusehends verfestigende Fragmentierung der weltweiten RHA-Strukturen, die die nichtdiskriminierenden Freihandelsansätze der WTO zusätzlich erschwert.

Als eindrucksvolles Beispiel kann das TTP-Abkommen herangezogen werden. Während die US-Regierung unter Barack Obama hoffte, dass sich dem Abkommen nach endgültiger Ratifizierung weitere asiatische Nationen anschließen würden, sahen einige Beobachter aufgrund der umfangreichen WTO+/x-Elemente eine US-getriebene Teilung Asiens in TPP, China und Indien[65]. Inzwischen redet man in der weltweiten Öffentlichkeit sogar ganz offen über einen drohenden Handelskrieg zwischen China und den USA, was von Ländern wie Indien mit gemischten Gefühlen beäugt wird[66].

Ineffiziente Umlenkung von Handelsströmen durch RHA

In der Wissenschaft existiert seit jeher der Disput, ob uni-, bi- und plurilaterale Abkommen in erster Linie Handel schaffen oder diesen vielmehr aufgrund von Diskriminierung und Preisverzerrung zu weniger wettbewerbsfähigen Handelspartnern umleiten. Auf globaler Ebene ist Ersteres wohlstandsfördernd, wohingegen Letzteres ineffiziente Vertragsabschlüsse zur Folge hat und die globale Wohlfahrt mindert[67]. So können einerseits Mitglieder von RHA profitieren, wenn die positiven Effekte der Handelsliberalisierung innerhalb des Abkommens die negativen Effekte der Diskriminierung gegenüber Nichtmitgliedern kompensieren. Andererseits nehmen ausgeschlossene Staaten in erster Linie den diskriminierenden Effekt wahr, weshalb die Vermutung naheliegt, dass RHA per se schlecht für Drittstaaten sind[68].

Theoretisch hängt die Tatsache, ob ein solches Abkommen wohlstandsfördernd oder -mindernd ist, davon ab, ob sich die jeweils effizientesten Produzenten innerhalb oder außerhalb des RHA befinden. Zudem ist stets eine genaue Analyse der Handelsstrukturen vor und nach der Implementierung des RHA vonnöten, um etwaige Verdrängungseffekte feststellen zu können. Einige Untersuchungen gelangten zu dem Schluss, dass RHA nur geringfügige Effekte auf die weltweiten Handelsströme haben, oder dass die positiven Effekte auf lange Sicht eher überwiegen. Andere Studien zeigen, dass bei einigen spezifischen RHA ineffiziente Verdrängungseffekte das Bild bestimmen – insbesondere in Sektoren, die essenziell für viele Entwicklungsländer sind[69].

So sorgen beispielsweise die noch immer sehr hohen direkten wie auch indirekten Handelsbarrieren von EU, EFTA und NAFTA im Landwirtschaftssektor dafür, dass vielen Produzenten aus Drittländern der Zugang zu diesen profitablen Freihandelsräumen verwehrt bleibt. Außerdem werden kostengünstiger produzierte Agrargüter auf dem Weltmarkt verdrängt und Preise sehr stark verzerrt. Viele Entwicklungsländer leiden seit Jahrzehnten unter dieser Diskriminierungspolitik. Weiterhin ist es in erster Linie nicht erlaubt, nach Abschluss eines RHA die Zolltarife gegenüber Drittstaaten über die MFN-Niveaus der WTO zu erhöhen. Die tatsächlich angewandten Tarife liegen jedoch oft deutlich darunter. Dies ermöglicht es den RHA-Mitgliedern, die Zölle für Nichtmitglieder de facto bis zur besagten Obergrenze anzuheben. Dies hat beispielsweise Mexiko nach der Implementierung von NAFTA getan. Gravierende Handelsverdrängungen waren die Folge, unter denen vor allem die Textil- und Kleidungsindustrie im karibischen Raum zu leiden hatte. Es ist keineswegs ausgeschlossen, dass ähnliche wohlstandsgefährdende Maßnahmen auch in Zukunft bei neuen oder auch bestehenden RHA getroffen werden könnten.[70]

Im Falle des südamerikanischen Abkommens MERCOSUR konnte ferner nachgewiesen werden, dass innerhalb des RHA vor allem der Handel mit Gütern gestiegen ist, bei denen die Mitgliedsländer zuvor keine komparativen Wettbewerbsvorteile hatten. Auch dies lässt auf sehr starke Verdrängungseffekte schließen[71]. Das veränderte Nachfrageverhalten der MERCOSUR-Staaten in den 1990er-Jahren implizierte zudem ein rapides Absinken der Exportpreise in vielen Drittländern. Die daraus resultierenden Wohlfahrtsverluste für Deutschland beliefen sich auf bis zu 236 Mio. Dollar und für die USA auf bis zu 600 Mio. Dollar. Die Exportpreise innerhalb des Freihandelsraums stiegen hingegen stark an, was zusätzliche Verwerfungen verursachte[72]. Ironischerweise verhandelt die EU-Kommission unter anderem deshalb seit einigen Jahren mit den MERCOSUR-Staaten über ein neues Handelsabkommen – Nachschlag für Baldwins Spaghettischüssel[73].

Es sei abschließend anzumerken, dass sich die Forschung in Hinblick auf globale Wohlstandseffekte noch immer uneins ist. Es sollte dennoch stets berücksichtigt werden, dass der multilaterale Freihandelsansatz de jure besagte Diskriminierungen und Verzerrungen von vornherein ausschließt und somit in jedem Falle die First-Best-Solution darstellt – insbesondere für kleinere Entwicklungsländer[74].

Die Rules of Origin

Weiterhin stellen einige Vertragselemente von RHA eine große Gefahr für den Multilateralismus dar. Besonders die Rules of Origin (RoO) haben sich inzwischen zu einem deutlichen Hindernis für den Welthandel entwickelt. Damit ein Zollbeamter weiß, welche Tarife für welches Produkt gelten, ist in allen RHA festgelegt, was die tatsächliche Herkunft eines Gutes ist. Diese RoO umfassen nicht selten Hunderte von Seiten. So kann beispielsweise vorgeschrieben sein, dass dem Erzeugnis mindestens 50 Prozent seines Wertes in einem RHA-Mitgliedsland beigefügt oder bestimmte Produktionsverfahren angewandt worden sein müssen, damit Präferenzzölle gewährt werden können.[75]

Die moderne Weltwirtschaft zeichnet sich jedoch durch eine zunehmende Verflechtung aus. An die Stelle von lokalen Zulieferbetrieben treten aus Gründen der Kostenvorteile oder der Versorgungssicherheit hochkomplexe Wertschöpfungsketten über Länder und Kontinente hinweg. So werden beispielsweise die Einzelteile für die Produkte von Apple Inc. in über 500 Fabriken in rund 30 Ländern gefertigt, bevor Endprodukte meist in China zusammengesetzt werden.[76] Diese Unternehmen wiederum beziehen ihrerseits Rohstoffe und Einzelteile von hunderten Zulieferern aus der ganzen Welt. Befürworter von nichtmultilateralen Abkommen argumentieren, dass diese Fragmentierung einen Beweggrund dafür darstellt, mithilfe von RHA eine tiefere Integration auf regionaler Ebene zu erzielen. Empirisch konnte jedoch nicht nachgewiesen werden, dass RHA diese Internationalisierungstendenzen unterstützen oder deren Mitglieder diesbezüglich besonders stark profitieren.[77]

Vielmehr wurde in den letzten Jahren deutlich, dass RHA diese effizienzsteigernde Produktionsfragmentierung auf globaler Ebene eher behindern. Erstens machen es komplexe Wertschöpfungsketten immer schwieriger und teurer, den wahren Ursprung eines Gutes zu bestimmen. Zweitens bevorzugen Produzenten manchmal lokale Zulieferer, um den Präferenzstatus ihrer Produkte zu erhalten, auch wenn es sich dabei nicht um die kostengünstigsten Anbieter handelt. Dadurch werden stetig zusätzliche Handelsbarrieren gegenüber Drittländern geschaffen, und ineffiziente Produktionsketten sind die Folge. Drittens hat die Herkunft von Einzelkomponenten keinerlei Auswirkungen, wenn das Endprodukt für den Heimatmarkt des RHA-Landes bestimmt ist. Dies verkompliziert die komplexen »Spaghetti-Reglementierungen« für Unternehmen abermals. Vor allem der Handel mit Einzelteilen kann dadurch zum Albtraum werden, weshalb viele Unternehmen häufig die höheren MFN-Zölle akzeptieren, statt zu versuchen, die RoO zu erfüllen. Die handelsschaffende Intention von RHA wird dadurch ad absurdum geführt[78].

Die Gefahr von WTO+/x

Von 1990 bis 2010 stieg die Anzahl der pro Jahr neu verhandelten WTO+/x-Elemente in RHA mit wachsender Geschwindigkeit an. Abbildung 7 stellt dies graphisch für rund 100 RHA dar, die mehr als 90 Prozent des Welthandels umfassen[79]. In erster Linie haben die WTO+/x-Vereinbarungen nachweislich positive Auswirkungen auf den Welthandel. Dies trifft interessanterweise sowohl auf die RHA-Mitglieder als auch auf die allermeisten Drittstaaten zu. Je wichtiger komplexe Wertschöpfungsketten und Dienstleistungen werden, desto mehr Nutzen und positive Externalitäten bringen Vereinbarungen über beispielsweise Antidumping-Regeln oder Technische Handelsbarrieren (WTO+) sowie über spezifische Schutzklauseln für geistiges Eigentum oder den Kapitalverkehr (WTOx) mit sich.[80]

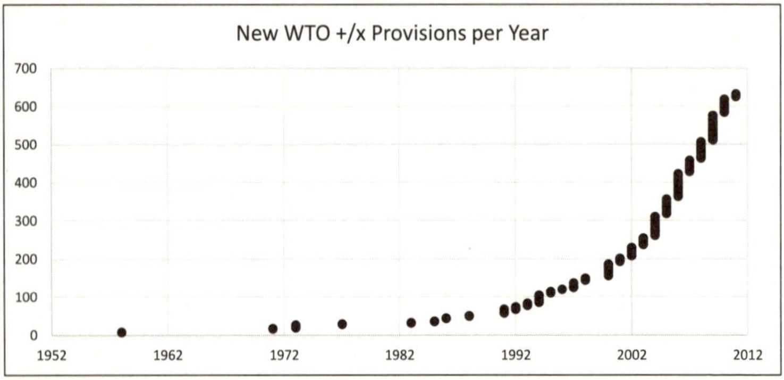

Abb. 7: Die wichtigsten RHA und die steigende Bedeutung von WTO+/x-Vereinbarungen. Berücksichtigung fanden Regulierungen und Normen zu den Themen Investitionen, Geistiges Eigentum, Wettbewerbspolitik, Kapitalverkehr, Rechtsangleichung, Industriezölle, Zollabwicklung und Dienstleistungshandel. Der starke Anstieg der WTO+/x-Elemente ab dem Ende der 1980er Jahre ging einher mit weltweiten (unilateralen) Zollreduktionen sowie einem Anstieg bilateraler Investitionsverträge. (Eigene Darstellung in Anlehnung an Baldwin, Multilateralising 21st Century Regionalism, 13–14, Quelle: WTO, World Trade Report 2011, Updated dataset on the content of PTAs.)

Nichtsdestotrotz sägt auch diese Entwicklung an zwei Hauptpfeilern des globalen Wohlstands – Multilateralismus und Freihandel. So können die umfangreichen Kapitel zu Investitionen, Kapitalflüssen und Ähnlichem große Verwerfungen herbeiführen. Da diese Bereiche nur zu einem begrenzten Teil auf multilateraler Ebene verhandelt werden, ist es vor allem für Industrienationen und große Schwellenländer relativ einfach, Präferenzvereinbarungen zu ihren Gunsten durchzusetzen. Je komplexer und diverser diese Regelungen über die Kontinente hinweg ausfallen, desto größer ist die Gefahr, dass langfristig Handelsfragmentierungen und Ineffizienzen verstetigt werden.[81]

Ferner führen die komplexen WTO+/x-Regelungen in den RHA dazu, dass mehrere bilaterale oder regionale Streitschlichtungsgremien geschaffen wurden. Deren Richtlinien und Entscheidungen müssen nicht notwendigerweise mit denen der WTO-Schlichtungsstellen übereinstimmen. Hinzu kommt, dass einige RHA sogar Wahloptionen beinhalten, mithilfe welcher Streitbeilegungsorgane ein Disput verhandelt werden soll. Dies höhlt nicht nur die Kompetenzen der WTO schrittweise aus, sondern stellt auch einen deutlichen Nachteil für kleinere Entwicklungsländer dar, die sich häufig der Gremienwahl der reichen Länder beugen müssen.[82]

In diesem Zusammenhang seien schlussendlich noch die negativen Aspekte von internationalen Schiedsgerichten erwähnt, die vor allem in Investitionskapiteln bilateraler Abkommen wie beispielsweise TTIP verankert sind. Diese Gerichtsbarkeiten ermöglichen es ausländischen Investoren, die Regierung des jeweiligen Gastgeberlandes zu verklagen, wenn eine vermeintliche Ungleichbehandlung jener Investoren gegenüber inländischen Investoren angeprangert wird. Auch wenn dieser Grundgedanke durchaus attraktiv erscheint, kritisieren viele Gegner dieser Schiedsgerichtsbarkeiten deren Intransparenz und fehlende demokratische Legitimierung.

Inzwischen sind internationale Handelsabkommen im Westen insbesondere wegen dieser Streitbeilegungsinstitutionen extrem unbeliebt. Ikenson argumentiert deshalb, dass der Umgang mit Konflikten zwischen Investoren und Staaten besser in bilateralen Investitionsabkommen statt in RHA geregelt werden sollte. Dies gelte auch, weil die Bedeutung der Schiedsgerichte für das Florieren des Welthandels als eher marginal angesehen werden könnte. Dadurch ist es zwar möglich, dass das Entstehen neuer RHA weltweit noch befeuert wird, aber die öffentliche Meinung gegenüber internationalem Handel und der WTO könnte langfristig an Beliebtheit gewinnen – ein Ziel, das jeder Befürworter von weltweitem Freihandel begrüßen dürfte.[83]

Schlussgedanken

Der multilaterale Freihandel unter Federführung der WTO steckt in der Krise. Nicht nur das drohende Scheitern der Doha-Runde, sondern auch technologische, wirtschaftliche und systemische Neuerungen schafften ein Anreizsystem für Länder, mehr und mehr Regionale und Präferenz-Handelsabkommen zu verabschieden. Auch wenn diese Entwicklung in einigen Bereichen und Regionen als durchaus positiv zu bewerten ist, birgt sie jedoch langfristig gewaltige Gefahren für den weltweiten Freihandel. Die Abkommen besitzen das Potenzial, wohlstandsgefährdende Ineffizienzen zu fördern und vor allem schwächere Entwicklungsländer zu benachteiligen. Insbesondere die westlichen Industriestaaten täten gut daran, sich wieder vor Augen zu führen, welch friedensstiftende und wachstumsfördernde Wirkung in den letzten Jahrzehnten von multilateralen Handelsliberalisierungen ausging. Die führenden Nationen dieser Erde sollten mittel- bis langfristig wieder mit Kompromissbereitschaft und Elan an den multilateralen Verhandlungstisch der WTO zurückkehren, um die First-Best-Solution für die Menschheit zu erzielen: Eine freie Welt ohne Handelshemmnisse.

Literatur

Apple Inc., »Supplier Responsibility«, 2015, unter: http://www.apple.com/supplier-responsibility/our-suppliers (15.12.2015).

Baldwin, Richard/Thornton, Philip, Multilateralising Regionalism. Ideas for a WTO Action Plan on Regionalism, London 2008.

Baldwin, Richard, Multilateralising 21st Century Regionalism, Conference Paper, OECD, 11.–12. Februar 2014, Paris, unter: http://www.oecd.org/tad/events/OECD-gft-2014-multilateralising-21st-century-regionalism-baldwin-paper.pdf (27.07.2017).

Bhagwati, Jagdish/Krishna, Pravin/Panagariya, Arvind, The World Trade System. Trends and Challenges, Cambridge 2016.

Bhagwati, Jagdish/Krishna, Pravin/Panagariya, Arvind: The World Trade System. Trends and Challenges, Working Paper, Columbia University, New York City, 03.05.2014, unter: http://www.columbia.edu/~jb38/papers/pdf/paper1-the_world_trading_system.pdf (27.07.2017).

Büge, Max, Do Preferential Trade Agreements Increase Their Members' Foreign Direct Investment?, Discussion Paper, Deutsches Institut für Entwicklungspolitik, Bonn, 2014, unter: https://www.die-gdi.de/en/discussion-paper/article/do-preferential-trade-agreements-increase-their-members-foreign-direct-investment/ (27.07.2017).

Carpenter, Theresa/Lendle, Andreas, How Preferential is World Trade?, Working Paper CTEI-2010-32, Genf, 2010, unter: http://graduateinstitute.ch/files/live/sites/iheid/files/sites/ctei/shared/CTEI/working_papers/CTEI-2010-32.pdf (27.07.2017).

European Commission, Mercosur, 27.10.2015, unter: http://ec.europa.eu/trade/policy/countries-and-regions/regions/mercosur (27.07.2017).

European Commission, Public Opinion, Eurobarometer Interactive 11/2016, unter: http://ec.europa.eu/commfrontoffice/publicopinion/index.cfm/Chart/getChart/themeKy/29/groupKy/179 (29.07.2017).

Hayakawa, Kazunobu/Kimura, Fukunari/Nabeshima, Kaoru, Nonconventional Provisions in: Regional Trade Agreements. Do They Enhance International Trade?, in: *Journal of Applied Economics*, 17(1), Mai 2014, 113–138, unter: http://www.ide.go.jp/English/Publish/Download/Dp/309.html (27.07.2017).

Higgott, Richard, Securing the global trade regime. The demand for global governance, in: Lehmann, Fabrice/Lehmann, Jean-Pierre, Peace and Prosperity through World Trade. Achieving the 2019 Vision, Cambridge 2010, 73–77.

Ikenson, Daniel J., A Compromise to Advance the Trade Agenda. Purge Negotiations of Investor-State Dispute Settlement, Free Trade Bulletin, 57, Cato Institute, 04.03.2014, unter: https://www.cato.org/publications/free-trade-bulletin/compromise-advance-trade-agenda-purge-negotiations-investor-state (29.07.2017).

Irwin, Douglas, Free Trade under Fire, Princeton 4. Aufl. 2015.

Karacaovali, Baybars/Limão, Nuno, The clash of liberalizations: Preferential vs. multilateral trade liberalization in the European Union, in: *Journal of International Economics*, 2008, 74(2), 299–327.

Krishna, Pravin, Preferential Trade Agreements and the World Trade System. A Multilateral View, in: Feenstra, Robert/Taylor, Alan, Globalization in an Age of Crisis. Multilateral Economic Cooperation in the Twenty-First Century, Chicago 2014, 131–164.

Limão, Nuno, Preferential Trade Agreements as Stumbling Blocks for Multilateral Trade Liberalization. Evidence for the United States, in: *American Economic Review*, 2006, 96(3), 896–914.

Liu, Xuepeng, Trade Agreements and Economic Growth, Working Paper, Kennesaw State University, 10.01.2015, unter: http://ksuweb.kennesaw.edu/~xliu6/Agreements_and_Growth_latestversion.pdf (27.07.2017).

Losse, Bert, Zustimmung der Deutschen zu Freihandel und EU steigt, in: *Wirtschafts-Woche*, 24.06.2017, unter: http://www.wiwo.de/politik/deutschland/allensbach-umfrage-zustimmung-der-deutschen-zu-freihandel-und-eu-steigt/19967658.html (29.07.2017).

Maggi, Giovanni, International Trade Agreements, in: Gopinath, Gita/Helpman, Elhanan/Rogoff, Kenneth, Handbook of International Economics, Amsterdam 4. Aufl. 2014, 317–390.

Marlow, Iain, Why India Could Be The Winner of a U.S.-China Trade War, Bloomberg, 06.04.2017, unter: https://www.bloomberg.com/news/articles/2017-04-06/india-could-win-from-a-u-s-china-trade-row-modi-s-party-says (29.07.2017).

Pabst, Volker, China testet Indien im Himalaja, in: *Neue Zürcher Zeitung*, 07.07.2017, unter: https://www.nzz.ch/international/grenzstreit-um-bhutan-china-testet-indien-im-himalaja-ld.1304497 (29.07.2017).

Panagariya, Arvind, Challenges to the Multilateral Trading System and Possible Responses, Economics Discussion Papers, 2013-3, Institut für Weltwirtschaft, Kiel, 2013, unter: http://www.economics-ejournal.org/economics/discussionpapers/2013-3/file (27.07.2017).

Schott, Jeffrey J., The future of the multilateral trading system in a multi-polar world, Discussion Paper, Deutsches Institut für Entwicklungspolitik, Bonn 2008.

Suranovic, Steve, International Trade: Theory and Policy, Boston 2010.

Swift, Art, In US, Record-High 72% See Foreign Trade as Opportunity, Gallup, 16.02.2016, unter: http://www.gallup.com/poll/204044/record-high-foreign-trade-opportunity.aspx?g_source=TRADE&g_medium=topic&g_campaign=tiles (29.07.2017).

The World Bank, Global Preferential Trade Agreements Database, 2017, unter: http://wits.worldbank.org/gptad/trade_database.html (27.07.2017).

The World Bank, World Development Indicators, 2017, unter: http://data.worldbank.org/products/wdi (26.07.2017).

Urata, Shujiro/ Okabe, Misa, Trade Creation and Diversion Effects of Regional Trade Agreements. A Product-level Analysis, in: The World Economy, 37(2), Februar 2014, 267–289, unter: http://onlinelibrary.wiley.com/doi/10.1111/twec.12099/abstract (27.07.2017).

Wolfe, Robert, First Diagnose, Then Treat. What Ails the Doha Round?, in: *World Trade Review*, 14(1), Januar 2015, 7–28, unter: http://journals.cambridge.org/abstract_S1474745614000342 (27.07.2017).

World Trade Organization, Members and Observers, 2016, unter: https://www.wto.org/english/thewto_e/whatis_e/tif_e/org6_e.htm (27.07.2017).

World Trade Organization, Principles of the trading system, 2017, unter: https://www.wto.org/english/thewto_e/whatis_e/tif_e/fact2_e.htm (27.07.2017).

World Trade Organization, Regional Trade Agreements, 2017, unter: https://www.wto.org/english/tratop_e/region_e/region_e.htm (26.07.2017).

World Trade Organization, Statistics database, 2017, unter: https://www.wto.org/english/res_e/statis_e/statis_e.htm (26.07.2017).

World Trade Organization, The Doha Round, 2017, unter: https://www.wto.org/english/tratop_e/dda_e/dda_e.htm (27.07.2017).

World Trade Organization, Understanding the WTO, What we do, 2017, unter: https://www.wto.org/english/thewto_e/whatis_e/what_we_do_e.htm (27.07.2017).

World Trade Organization, World Trade Report 2011, The WTO and preferential trade agreements: From co-existence to coherence, 2011, unter: https://www.wto.org/english/res_e/booksp_e/anrep_e/world_trade_report11_e.pdf (04.12.2015).

World Trade Organization, World Trade Report 2011, Updated dataset on the content of PTAs, 2011, unter: https://www.wto.org/english/res_e/publications_e/wtr11_dataset_e.htm (01.09.2017).

World Trade Organization, World Trade Report 2015, Speeding up trade: benefits and challenges of implementing the WTO Trade Facilitation Agreement, 2015, unter: https://www.wto.org/english/res_e/publications_e/wtr15_e.htm (27.07.2017).

World Trade Organization, WTO Statistical data sets – Metadata, 2017, unter: http://stat.wto.org/TechnicalNotes/DataSetTechnicalNotes_E.htm#Def_Meth_Services_BPM6 (26.07.2017).

Yilmazkuday, Demet/Yilmazkuday Hakan, Bilateral versus Multilateral Free Trade Agreements: A Welfare Analysis, in: *Review of International Economics*, 2014, 22 (3), 513–535.

JULIA MÜNZENMAIER

Investitionsrecht und internationale Streitbeilegung

Medien zeichnen oftmals ein furchterregendes Bild von Investitionsschiedsgerichten. Von »Schattenjustiz« oder »Geheimverhandlungen in Hinterzimmern« ist dabei die Rede. Besonders im Rahmen der Verhandlungen zwischen der EU und den USA über TTIP und Kanada über CETA wurde der Sinn von Investitionsschutzklauseln heiß diskutiert. Dieser Artikel versucht, einen Überblick über das Investitionsrecht zu geben, und geht dabei sowohl auf die gängigen Kritikpunkte gegenüber internationalen Schiedsgerichten als auch auf die Vorteile der Investor-Staat-Streitbeilegung ein. Ebenfalls werden die konkrete Ausgestaltung von Investitionsschutzklauseln in CETA und mögliche Alternativen zur internationalen Schiedsgerichtsbarkeit untersucht.

Überblick über das Investitionsrecht

Staaten schließen oftmals bilaterale völkerrechtliche Verträge, um dadurch Investoren im Ausland (im sogenannten Gaststaat) zu schützen. Diese Investitionsschutzabkommen bieten sowohl Staaten als auch Investoren Vorteile: Investoren investieren ihr Kapital eher in anderen Staaten, wenn sie dank der Abkommen auf Rechtssicherheit hoffen können. Mithilfe dieser Abkommen sind die Investoren nämlich geschützt vor Risiken wie Enteignung, Diskriminierung ihrer Investition durch eine Begünstigung Dritter, fehlender Schutzgewährung bei Unruhen und Nichteinhaltung staatlicher Zusagen. Die Staaten andererseits profitieren durch die Investitionen von einem Wirtschaftswachstum, der Schaffung neuer Arbeitsplätze und einem Kapital- sowie Technologietransfer.

Das erste bilaterale Investitionsschutzabkommen überhaupt wurde im Jahre 1959 zwischen Deutschland und Pakistan geschlossen; Deutschland war damals die treibende Kraft des Investitionsschutzrechtes. Seitdem sind in Deutschland mehr als 130 Investitionsschutzabkommen[84] und weltweit ca. 2500 Abkommen in Kraft getreten.[85] Dies zeigt, dass Investitionsschutzabkommen ein weltweit anerkanntes Mittel sind, um Investitionen zu fördern. Beispiele für solche ausländischen Investitionen sind die Beteiligung an Unternehmen, die Gründung von Auslandsniederlassungen, aber auch Rohstoffkonzessionen und Infrastrukturkonzessionen wie Mautprojekte.

Früher schlossen hauptsächlich Entwicklungsländer und Industriestaaten bilaterale Investitionsschutzabkommen, wohingegen mittlerweile ebenso Abkommen zwischen Entwicklungsländern oder zwischen Industriestaaten existieren. Seit neuestem integrieren Staaten investitionsschutzrechtliche Bestimmungen in Freihandelsabkommen und schließen nicht mehr einzelne bilaterale Investitionsschutzabkommen.[86] Dies ist beispielsweise bei dem North American Free Trade Agreement (NAFTA) zwischen Kanada, den USA und Mexiko der Fall. Neben Freihandelsabkommen existieren auch andere multilaterale Abkommen mit Investitionskapiteln wie der Energiecharta-Vertrag.

Investitionsschutzabkommen oder -kapitel sind oftmals zweigeteilt: Zum einen enthalten sie materielle Bestimmungen darüber, inwieweit der Gaststaat dem Investor Schutz gewähren muss, und zum anderen enthalten die Abkommen Regeln über die Streitbeilegung zwischen dem Investor und dem Gaststaat. Kennzeichnend für diese Streitbeilegung sind die internationalen Investitionsschiedsgerichte, vor denen Investoren direkt gegen Staaten klagen können.

Scheint ein investitionsrechtlicher Schutzstandard verletzt, können Investoren ihre Rechte unmittelbar gegen den Gaststaat in einem Schiedsverfahren geltend machen. Wenn der Staat einen materiellen Schutzstandard verletzt hat, können die Schiedsgerichte dem Investor eine Entschädigung oder Schadensersatz in Geld zusprechen, sie können aber keine Verwaltungsakte aufheben oder

Gesetze für nichtig erklären. Die von den Schiedsrichtern gefällten Entscheidungen sind für die Streitparteien verbindlich. Allerdings ist die bisherige Anzahl der weltweiten Schiedsverfahren mit 767 – gemessen an der Zahl der weltweiten Investitionsschutzabkommen – relativ gering.[87]

Oftmals verweisen die Investitionsklauseln der völkerrechtlichen Abkommen auf die Streitbeilegung des internationalen Zentrums zur Beilegung von Investitionsstreitigkeiten (International Centre for Settlement of Investment Disputes – ICSID). Mithilfe der ICSID-Konvention aus dem Jahr 1965 wurde dieses internationale Zentrum zur Beilegung von Investitionsstreitigkeiten errichtet, das Verfahrensregeln aufstellt sowie administrative Unterstützung bei Schiedsverfahren und Mediationen bietet. Das Zentrum führt zudem eine Liste von möglichen Schiedsrichtern, die die Streitparteien für ihr Verfahren auswählen können.

Seit dem Inkrafttreten des Vertrags von Lissabon 2009 besitzt die Europäische Union die ausschließliche Kompetenz zum Abschluss von Investitionsverträgen, solange es sich um ausländische Direktinvestitionen handelt. Allerdings fallen Regelungen zu anderen ausländischen Investitionen als Direktinvestitionen und Bestimmungen zur Streitbeilegung zwischen Investoren und Staaten nicht in die ausschließliche Kompetenz der Union, wie der EuGH in einem Gutachten im Mai 2017 festgestellt hat.[88] Daher bedürfen internationale Abkommen, die den Investitionsschutz als Ganzes regeln, stets der Zustimmung aller EU-Mitgliedstaaten. Dies wird unter anderen bei CETA relevant, dem nun sämtliche EU-Mitgliedstaaten zustimmen müssen.

Ausgestaltung von Investitionsschutzklauseln

Die Investitionsabkommen enthalten diverse Klauseln, die den Investoren einen bestimmten Schutzstandard garantieren.

Enteignung

Der wohl bekannteste Schutzstandard ist derjenige, der vor direkter oder indirekter Enteignung schützt. Direkte Enteignung, also die unmittelbare und gezielte Übertragung des Eigentums durch

Rechtsakt auf den Staat oder Dritte, spielt heutzutage allerdings kaum noch eine Rolle, weil Staaten diese oftmals wegen eines potenziellen Imageverlustes nicht mehr durchführen.

Stattdessen hat die indirekte Enteignung, die sogenannte inhaltliche »Entleerung« des Eigentums infolge bloßer Nutzungs- oder Verfügungsbeschränkungen, eine hohe Bedeutung gewonnen. Darunter fallen staatliche Maßnahmen, die in ihrer Auswirkung einer Enteignung oder Verstaatlichung gleichkommen, wobei der Investor aber formal Eigentümer bleibt. In dem Fall Metalclad/Mexiko wurde zum Beispiel eine indirekte Enteignung bejaht, weil dem Unternehmen Metalclad eine Genehmigung für die Errichtung einer Mülldeponie nicht erteilt und ihre Tätigkeit durch Ausweisung ihres Unternehmensgrundstücks als Naturschutzgebiet faktisch verboten wurde, obwohl die mexikanischen Behörden Metalclad vor dem Kauf des Grundstücks zugesichert hatten, dass weitere Genehmigungen nicht notwendig seien und dem Projekt nichts im Wege stehe.[89] Die genaue Abgrenzung zwischen einer Enteignung und einer bloßen regulatorischen Maßnahme des Staates ist in solchen Fällen problematisch, weil es bisher an einer einheitlichen Definition der indirekten Enteignung mangelt.

Gerechte und billige Behandlung

Auch dem Standard, der Investoren eine gerechte und billige Behandlung (Fair and Equitable Treatment, sogenannter FET-Standard) zusichert, kommt eine große praktische Bedeutung zu. Seit Beginn des 21. Jahrhunderts wird der FET-Standard am häufigsten von Investoren als verletzter Standard geltend gemacht und von den Schiedsgerichten am häufigsten als verletzt anerkannt.[90]

Üblicherweise ist dieser Standard sehr allgemein gehalten, und die Gerichte überprüfen im Einzelfall, ob sich der Staat ungerecht und unbillig gegenüber dem Investor verhalten hat. Dies wird zum Beispiel bei willkürlicher Behandlung des Investors oder einer schweren Pflichtverletzung des Staats bejaht. Auch bei widersprüchlichem Verhalten des Staats gegenüber dem Investor findet der Standard Anwendung: Macht die Zentralregierung dem Investor Zusicherungen, wohingegen innerstaatliche Hoheitsträger diesen Zusicherungen anschließend widersprechen, kann der

FET-Standard verletzt sein. Im Fall Metalclad/Mexiko wurde deswegen eine Verletzung der gerechten und billigen Behandlung bejaht.[91] Außerdem kann der Investor Schiedsgerichte bei mangelnder Verlässlichkeit des Staates anrufen, wenn zum Beispiel Genehmigungen des Investors plötzlich befristet werden, obwohl sie zuvor unbefristet galten.

Weitere Schutzstandards

Die Abkommen gewähren den Investoren ebenso Inländerbehandlung, wodurch den Investoren im Gaststaat die gleichen Rechte wie den Inländern zukommen. Andere wichtige Klauseln schützen die Investoren vor willkürlicher oder diskriminierender Behandlung, garantieren den freien Kapitaltransfer und gewähren vollen Schutz und Sicherheit sowie eine genauso günstige Behandlung wie die von Investoren anderer ausländischer Staaten. Ohne diese Klauseln würde Investoren im Ausland nicht der gleiche Schutz wie Inländern zukommen, weil inländische Rechtsordnungen nicht unbedingt zur Gleichbehandlung von Ausländern verpflichten. Außerdem könnten Investoren gegen das Verhalten eines Staates nur vor nationalen Gerichten klagen, wo die Gefahr bestünde, dass nationale Richter ihren Heimatstaat bevorzugen.

Investor-Staat-Verträge

Die Schutzklauseln werden meist in völkerrechtlichen Investitionsschutzabkommen zwischen zwei Staaten verankert. Daneben können aber auch Investoren selbst mit dem jeweiligen Gaststaat Verträge schließen, um ihre getätigten Investitionen zu schützen. Solche Verträge können einerseits genau an die jeweilige Situation und die potenziellen Risiken angepasst werden, andererseits ist die Geltendmachung der Rechte im Falle einer Vertragsverletzung schwieriger. Ein Investor-Staat-Vertrag richtet sich nämlich üblicherweise nur nach dem nationalen Recht des Gaststaats, weshalb er nicht völkerrechtlich überprüfbar ist. Damit wird den Investoren die Möglichkeit genommen, vor internationalen Schiedsgerichten ihre Rechtsposition geltend zu machen. Nur wenn völkerrechtliche Abkommen sogenannte umbrella clauses beinhalten, die die Rechte aus den Investor-Staat-Verträgen in die völkerrechtlichen Investitionsschutzabkommen transferieren, können die Investoren diese Rechte vor internationalen Schiedsgerichten geltend machen.

Kritikpunkte

Die oben genannten Schutzstandards werden oftmals in den Medien kritisiert. Diese Kritikpunkte werden im Folgenden überprüft, und es wird untersucht, wie die Investitionsschutzklauseln in CETA[92] ausgestaltet sind und ob sie Anlass zur Kritik geben.

Verlust des staatlichen Handlungsspielraums

Oftmals wird bemängelt, dass Staaten ihr Regulierungsrecht (right to regulate) verlieren würden und die parlamentarische Demokratie ausgehöhlt werde, wenn internationale Schiedsgerichte die Rechtmäßigkeit des staatlichen Handelns überprüfen können. Daher wird untersucht, ob CETA wirklich das Regulierungsrecht der Staaten aushebelt, und diese aufgrund der Investitionsschutzklauseln ihre Gesetze nicht mehr zum Ziele eines besseren Umweltschutzes oder ähnlichem ändern dürfen.

Wie oben schon dargestellt, ist der Begriff der indirekten Enteignung üblicherweise weit zu fassen, da es an einer genauen Definition fehlt. Dadurch kommt Schiedsgerichten prinzipiell ein großer Entscheidungsspielraum zu, welche staatlichen Maßnahmen sie als Enteignung definieren.

CETA verbietet in Art. 8.12. grundsätzlich die direkte und indirekte Enteignung von Investoren. Allerdings wird davon eine Ausnahme gemacht, wenn die Enteignung einem öffentlichen Zweck dient, ein rechtsstaatliches Verfahren stattgefunden hat, die Enteignung nichtdiskriminierend angewandt wird und eine Entschädigung prompt, adäquat und effektiv gezahlt wird. Im Annex zu Art. 8[93] wird zudem der Begriff der indirekten Enteignung genau definiert. Insbesondere wird festgestellt, dass regulatorische Maßnahmen, die zum Schutz von öffentlichen Interessen wie Gesundheit, Sicherheit und Umwelt erlassen werden, nur in Ausnahmefällen eine entschädigungspflichtige indirekte Enteignung darstellen. Somit sind die Staaten befugt, Gesetzesänderungen zum Ziel des Umweltschutzes oder der öffentlichen Sicherheit durchzuführen, auch wenn sich diese Änderungen negativ auf Investoren auswirken können. Unabhängig davon, wie man solche Gesetzesänderungen, die zu einem Eigentumsverlust der Investoren führen, politisch bewerten mag, wird durch die Definition der Enteignung jedenfalls der Entscheidungsspielraum der Schiedsrichter eingeschränkt.

Außerdem wird der FET-Standard in CETA genau definiert. Diese Klausel ist üblicherweise als Mindeststandard ausgestaltet, der den Schiedsrichtern relativ viel Spielraum bei der Auslegung lässt. Stattdessen klären die Staaten in CETA genau, welcher Schutz Investoren gewährt wird. Als Verletzung des Standards gelten unter anderem nur die Rechtsverweigerung in straf-, zivil- oder verwaltungsrechtlichen Verfahren, gezielte Diskriminierung aus offenkundig ungerechtfertigten Gründen wie aus Gründen des Geschlechts, der Rasse oder der religiösen Überzeugung, offenkundige Willkür des Staates sowie die missbräuchliche Behandlung von Investoren. Der Schutz ist somit relativ eng umfasst, wodurch es für Staaten erkennbar ist, wann sie den Standard verletzen. Insbesondere können Gesetze nicht den FET-Standard verletzen, es sei denn, diese würden zu einer missbräuchlichen Behandlung ausländischer Investoren führen.

Dieser Schutzstandard zählt üblicherweise zu den am häufigsten vor Schiedsgerichten angegriffenen Standards. Indem man die Auslegung eingrenzt, wird der staatliche Handlungsspielraum gesichert. Problematisch ist hier jedoch, dass der FET-Standard in CETA hinter dem üblicherweise gewährten Schutz für Investoren zurückbleibt.[94] So ist zum Beispiel der Vertrauensschutz nicht als eigenständiger Tatbestand genannt.

In CETA wird festgelegt, dass Investoren nicht klagen können, um Marktzugang zu erhalten. Sind bestimmte Produkte oder Produktionsmethoden innerhalb der EU verboten, können Unternehmen nicht auf Marktzugang klagen. Dies führt einerseits nicht zu einer vollständigen Liberalisierung, andererseits wird damit die Regulierungsfreiheit in Bezug auf Gesundheits- oder Umweltschutz sichergestellt, denn EU-Mitgliedstaaten können selbst entscheiden, ob sie beispielsweise gesundheitsgefährdende Produkte oder Produktionsmethoden verbieten wollen.

Die Präambel von CETA weist ebenfalls darauf hin, dass die EU und Kanada ihr Recht auf Regulierung und Verwirklichung berechtigter Gemeinwohlziele wie öffentliche Gesundheit, Sicherheit, Umweltschutz, öffentliche Sittlichkeit sowie Förderung und Schutz der kulturellen Vielfalt behalten. Zwar wirkt die Präambel eines internationalen Abkommens an sich nicht rechtsverbindlich, im Streit um die Auslegung einer bestimmten Klausel von CETA wird aber gemäß Art. 31 Abs. 1 der Wiener Vertragsrechtskonvention ebenso die Präambel hinzugezogen, um den Kontext und Ziel und Zweck einer streitigen Klausel zu ermitteln. Dies bedeutet, dass Gesetzesänderungen zum Ziele des Allgemeinwohls, die sich negativ auf Investitionen von Unternehmern auswirken, keinen Anspruch auf Schadensersatz begründen. Daher wird der Handlungsspielraum der Staaten schon in der Präambel gesichert.

Folglich ist die Angst vor dem Verlust des staatlichen Handlungsspielraums unbegründet, stattdessen besteht eher die Gefahr, dass die Investoren im Vergleich zu früheren Investitionsabkommen nicht ausreichend geschützt werden.

Staatshaftung

Ebenfalls problematisiert wird, dass der Staat im Falle einer Verletzung von Schutzstandards haftet und dem Investor eine Entschädigung oder Schadensersatz zahlen muss. Staatshaftungsansprüche existieren aber nicht nur im Investitionsrecht, sondern auch im nationalen Recht. In Deutschland stehen Bürger in bestimmten Fällen für rechtswidriges hoheitliches Handeln Amtshaftungsansprüche gegen den Staat zu. Das Grundgesetz garantiert eine Entschädigung für Enteignungen, und selbst bloße (rechtmäßige) Inhalts- und Schrankenbestimmungen des Eigentums können in Ausnahmefällen ausgleichspflichtig sein. Es erscheint logisch, dass ein Staat ebenso wie Bürger bei rechtswidrigem Handeln für sein Verhalten zur Verantwortung gezogen werden kann.

Neben dem Investitionsschutzrecht bestehen zudem weitere Möglichkeiten für Einzelne, vor internationalen Gerichten wie dem Europäischen Gerichtshof für Menschenrechte gegen Handlungen von Staaten vorzugehen. Es ist also nichts vollkommen Neues, wenn Individuen einen Staat aufgrund von rechtswidrigem Verhalten zur Verantwortung ziehen können.

Bevorzugung von Unternehmen durch parteiische Schiedsrichter

Häufig bemängeln Kritiker die Parteilichkeit der Schiedsrichter. Da oftmals nur Anwälte von Großkanzleien als Schiedsrichter fungieren, würden diese in ihren Entscheidungen die Unternehmen bevorzugen.

Eine Statistik in dem Bericht von UNCTAD[95] mit den bisher getroffenen Entscheidungen beweist jedoch das Gegenteil: Nur 25 Prozent der Urteile wurden zugunsten der Investoren gefällt, wohingegen die Schiedsrichter in 37 Prozent der Fälle zugunsten der jeweiligen Staaten entschieden. Die übrigen Verfahren wurden beigelegt, eingestellt oder es wurde trotz eines Verstoßes keine Entschädigung gewährt. Daher kann nicht festgestellt werden, dass internationale Schiedsrichter Investoren bevorzugen.

Zudem laufen die häufig nach der ICSID-Konvention durchgeführten Schiedsverfahren so ab, dass in der Regel drei Schiedsrichter das Urteil fällen, von denen jede Partei je einen Schiedsrichter aussucht und sich gemeinsam auf den dritten einigt. Wären bestimmte Richter parteiisch und würden immer auf der Seite des Unternehmens stehen, würde die staatliche Seite in Zukunft diese Personen bei der Berufung als Schiedsrichter ablehnen.

Für internationale ad-hoc-Schiedsgerichte spricht auch die Tatsache, dass Regierungen auf Entscheidungen von nationalen und staatlich bezahlten Richtern Einfluss nehmen könnten. Diese Gefahr besteht nicht bei Richtern, die einer anderen Nationalität als derjenigen des im Verfahren beteiligten Staates angehören. Außerdem könnten nationale Richter zumindest unbewusst beeinflusst sein, wenn sie in einem Verfahren entscheiden müssten, ob sie ihren Heimatstaat zu einer Entschädigung oder zu Schadensersatz verurteilen sollen.

Obwohl dies häufig angenommen wird, begünstigt Investitionsrecht keine Großunternehmen. Etwa die Hälfte der Schiedsverfahren bisher wurde nämlich von kleinen und mittleren Unternehmen oder von Privatpersonen initiiert, da Schiedsverfahren für diese kostengünstiger sind als jahrelange Gerichtsverfahren in einem Nationalstaat. Daher ist auch hier die Kritik an parteilichen Schiedsrichtern, die Großunternehmen bevorzugen, gegenstandslos.

Im Vergleich zu den ad-hoc-Schiedsgerichten sieht CETA eine Neuerung vor und führt einen internationalen Gerichtshof ein, in dem Richter über Investitionsstreitigkeiten entscheiden. Diesem Gerichtshof sollen nach Art. 8.27.2. fünfzehn Richter angehören, von denen fünf kanadische Staatsangehörige, fünf Staatsangehörige von EU-Mitgliedstaaten und fünf Staatsangehörige dritter Länder sein sollen. Laut CETA ist es nur »wünschenswert«, dass die ernannten Richter Erfahrung im Investitionsschutzrecht haben, aber keine zwingende Voraussetzung für die Ernennung. Außerdem sollen die Richter gemäß Art. 26.1. durch das CETA Joint Committee ernannt werden, das aus Vertretern der EU und Vertretern Kanadas besteht. Dadurch haben Investoren keinen Einfluss mehr auf die Ernennung der Schiedsrichter. Einerseits besteht nun nicht mehr der Anschein, dass Schiedsrichter möglicherweise Unternehmen bevorzugen könnten. Andererseits waren in bisherigen nach der ICSID-Konvention durchgeführten Schiedsverfahren keine Anhaltspunkte für die Parteilichkeit der Schiedsrichter zu finden, was oben dargestellt wurde. Außerdem sollen sich die Parteien in Investitionsstreitigkeiten gleichberechtigt gegenübertreten, was nur gewährleistet wird, wenn beide Parteien gleichermaßen Einfluss auf die Auswahl der Schiedsrichter haben. Problematisch ist außerdem, dass Erfahrung im Investitionsschutzrecht keine zwingende Voraussetzung für die Ernennung als Richter ist. Daher ist die durch CETA geplante Errichtung eines Investitionsgerichtshofes nicht notwendig.

Inländerdiskriminierung

Als weiteres Problem des Investitionsrechtes wird oftmals die Inländerdiskriminierung gesehen. Die Inländerdiskriminierung bezeichnet eine Situation, in der eigene Staatsangehörige oder Unternehmen mit Niederlassung in diesem Staat (sogenannte Inländer) im eigenen Land schlechter gestellt werden als ausländische Individuen oder Unternehmen. Ausländische Investoren werden nämlich insofern bevorzugt, als sie zwischen der Beschreitung des nationalen Rechtswegs und dem Gang zu einem internationalen Schiedsgericht wählen können, wohingegen nationale Investoren sich nur auf nationalem Weg gegen den Staat wenden können.

Allerdings verleihen die Investitionsschutzabkommen bzw. die Klauseln in CETA den kanadischen Investoren nur die Rechte, die den deutschen Investoren schon durch die Grundrechte oder den EU-ausländischen Investoren aufgrund der unionsrechtlichen Grundfreiheiten und Grundrechte zustehen.[96] Ausländische Investoren und insbesondere ausländische Unternehmen können sich vor deutschen Gerichten nämlich nicht auf die Grundrechte berufen. Auch nach US-amerikanischem Recht sind ausländische Investoren in den USA nicht vor Diskriminierung geschützt.[97] Mithilfe von Investitionsschutzabkommen wird ihnen deswegen der gleiche Status wie Inländern eingeräumt, um ihnen bestimmte Standards wie Schutz vor Diskriminierung zu garantieren. Somit haben ausländische Investoren zwar die Wahl zwischen verschiedenen Rechtswegen, allerdings ermöglicht ihnen nur der internationale Rechtsweg Erfolgsaussichten. Inländische Investoren dagegen müssen nicht auf die internationale Gerichtsbarkeit ausweichen, da sie nach nationalem Recht schon ausreichend geschützt sind. Folglich führen Investitionsschutzabkommen nicht grundsätzlich zu einer Inländerdiskriminierung.

Fehlende Transparenz der Schiedsverfahren

Des Weiteren werden oftmals die »Geheimverhandlungen« innerhalb der Schiedsgerichtsbarkeit kritisiert. Während deutsche Gerichte zumeist die Öffentlichkeit zulassen, war dies früher in internationalen Schiedsverfahren nicht der Fall. Zudem wurde der Schiedsspruch nach den ICSID-Regeln nur dann veröffentlicht, wenn beide Parteien dem zustimmten.

Allerdings garantiert CETA eine wesentlich größere Transparenz als vorherige Investitionsschutzabkommen. So wird in Art. 8.36. vereinbart, dass die UNCITRAL-Regeln über Transparenz angewandt werden.[98] Demnach sind die Anhörungen der Schiedsverfahren öffentlich, und Dritten wie NGOs wird es ermöglicht, in den Verfahren Stellung zu nehmen. Zudem werden alle verfahrensrelevanten Dokumente inklusive der Schiedssprüche online veröffentlicht, Ausnahmen der Veröffentlichung gelten nur für Betriebs- und Geschäftsgeheimnisse. Eine Veröffentlichung hängt nicht mehr von der Zustimmung beider Parteien ab. Damit sind diese internationalen Verfahren sogar transparenter als Verfahren vor deutschen Gerichten, wo beispielsweise die Schriftsätze der Parteien nicht veröffentlicht werden. Es ist also verfehlt, bei CETA die mangelnde Transparenz des Gerichtshofs zu kritisieren.

Fehlende Berufungsinstanz

Problematisch bei der Schiedsgerichtsbarkeit nach ICSID ist das Fehlen einer Berufungsinstanz. Der Vorteil davon ist zwar, dass Verfahren ohne Berufung innerhalb kürzerer Zeit abgeschlossen sind und so eine schnellere Rechtssicherheit garantieren. Rechtsstaatlich ist es jedoch schwierig zu begründen, wieso Urteile von Schiedsgerichten nicht in einer zusätzlichen Instanz überprüft werden sollen.

Ein möglicher Ausweg aus dieser Situation wäre eine Berufungsinstanz, die sich in ihrer Schnelligkeit des Verfahrens am Appellate Body der WTO orientiert. Kurze Fristen, innerhalb derer die Berufung eingelegt werden könnte und innerhalb derer der Streit entschieden werden müsste, könnten hier einerseits das Verfahren schnell zu einem endgültigen Urteil führen und andererseits Fehlurteilen vorbeugen.

CETA führt in Art. 8.28. eine Berufungsinstanz ein. Es wäre wünschenswert, diesen Berufungsmechanismus auch in künftigen Abkommen vorzusehen, um einen besseren Rechtsschutz zu garantieren. Bei CETA ist allerdings problematisch, dass Richter, die zum Beispiel die kanadische Staatsangehörigkeit besitzen, in der Berufungsinstanz nicht von Verfahren mit einer Beteiligung Kanadas ausgeschlossen sind. Wenn Kanada also in Berufung geht, ist es möglich, dass nur drei kanadische Schiedsrichter darüber entscheiden. Es wäre besser, wenn diesem Schein der Parteilichkeit entgegengetreten und die Unabhängigkeit der Richter gesichert würde.

Keine Notwendigkeit von Investorenschutz in Rechtsstaaten

Kritiker von Investitionsschutzabkommen führen zudem an, dass ein Freihandelsabkommen zwischen Kanada bzw. zwischen den USA und der EU keine Investitionsschutzklauseln benötigt, da diese Staaten einen ausreichenden Rechtsschutz garantieren und ein besonderer Investitionsschutz daher überflüssig sei. Allerdings betreffen Investitionsstreitigkeiten nicht nur sogenannte Unrechtsstaaten, zum Beispiel wird auch gegen Deutschland ein internationales Schiedsverfahren geführt (Vattenfall). Selbst die Bundesrepublik Deutschland garantiert ausländischen Investoren nicht den gleichen Schutz wie Inländern und EU-Angehörigen. So können EU-ausländische juristische Personen nicht vor dem Bundesverfassungsgericht klagen[99] und die Berufsfreiheit sowie andere Grundrechte sind nicht unbedingt auf ausländische Investoren (als natürliche Personen) anwendbar.[100] Auch in den USA genießen europäische Investoren nicht den gleichen Schutz wie amerikanische Investoren. Zudem lässt das Argument außer Acht, dass schon jetzt Investitionsschutzabkommen zwischen Rechtsstaaten und sogar zwischen EU-Mitgliedsstaaten existieren,[101] die anscheinend als notwendig erachtet werden.

Ferner wäre eine Einteilung in Rechtsstaaten und Staaten mit rechtsstaatlichen Defiziten politisch nur unter Schwierigkeiten durchzusetzen und würde den internationalen Beziehungen schaden.[102] Die EU verhandelt momentan mit China über ein Investitionsschutzabkommen und könnte sich bei den Verhandlungen an den Investitionskapiteln in CETA orientieren. Hätte die EU in CETA auf Klauseln zum Investitionsschutz verzichtet, würde dies automatisch die Verhandlungsbasis mit China und anderen Staaten schwächen. Es wäre schwer vermittelbar, wieso die Union nur in bestimmten Staaten Investoren besonders schützen wollte. Zudem ist die Politik der EU kohärenter, wenn sie konsequent immer Investitionsschutzklauseln verankert.

Nicht zu vergessen ist außerdem, dass momentan zum Beispiel schon Investitionsschutzabkommen zwischen EU-Staaten und den USA in Kraft sind. Integriert man in Zukunft keine investitionsrechtlichen Klauseln in TTIP (oder in anderen Freihandelsabkommen), würden die bisherigen Investitionsschutzabkommen vermutlich in Kraft bleiben. Dies würde dazu führen, dass die Investitionen mancher EU-Angehörigen beispielsweise in den USA geschützt wären, wohingegen anderen Investoren (z. B. aus

Deutschland) ein solcher Schutz nicht gewährt würde. Dies kann jedoch kein Ziel der Union sein. Daher sind Investitionsschutzabkommen notwendig, unabhängig davon, ob ein Staat als Rechts- oder als Unrechtsstaat angesehen wird.

Alternativen der Investitionsschiedsgerichtsbarkeit

Im Folgenden werden mögliche Alternativen zur Investitionsschiedsgerichtsbarkeit dargestellt, und es wird untersucht, ob derzeit eine bessere Lösung zur Schlichtung von Investitionsstreitigkeiten besteht.

Gang vor nationale Gerichte

Möglicherweise könnte ein Gang vor nationale Gerichte die internationale Schiedsgerichtsbarkeit ersetzen. Allerdings sind fehlende gerichtliche Neutralität und die Möglichkeit politischer Einflussnahme Gründe, die gegen den Gang vor die nationale Gerichtsbarkeit sprechen. Wie oben schon dargestellt, garantiert das nationale Recht ausländischen Investoren außerdem nicht immer die gleichen Rechte wie Inländern. Viele völkerrechtliche Abkommen wie zum Beispiel CETA schließen außerdem eine unmittelbare Anwendung durch innerstaatliche Gerichte aus.

Rückgriff auf allgemeines Völkerrecht

Möglicherweise könnte man bei Investitionsstreitigkeiten das allgemeine Völkerrecht in Gestalt des sogenannten Fremdenrechts anwenden, anstatt komplizierte Investitionskapitel innerhalb von CETA und anderen Abkommen zu verhandeln. Allerdings müsste man sich dann größtenteils auf nicht kodifiziertes Gewohnheitsrecht verlassen, was zu einer geringeren Rechtssicherheit führen würde. Zudem verleiht das Fremdenrecht Investoren keine subjektiven Rechte, was dazu führt, dass Investoren nicht selbst gegen den Gaststaat klagen könnten, sondern stattdessen auf den diplomatischen Schutz ihres Heimatstaates angewiesen wären. Ein Anspruch des Investors auf Geltendmachung seiner Rechte durch den Heimatstaat besteht allerdings nicht. Daher garantiert das Fremdenrecht Investoren nicht den gleichen Schutz wie Investitionsschutzabkommen, die den Zugang zu internationalen Schiedsgerichten gewähren.

Wenn lediglich Staaten sich gegenseitig zur Verantwortung ziehen könnten, wäre dies auch politisch problematisch. Ein Staat-Staat-Verfahren vor dem IGH würde zu diplomatischen Verstimmungen zwischen den Staaten führen, weshalb es nicht nur rechtlich, sondern auch politisch sinnvoller ist, die Investitionsstreitigkeiten direkt zwischen dem Investor und dem Gaststaat zu klären.

Investitionsschutzabkommen innerhalb der WTO

Möglicherweise könnte auch die Schiedsgerichtsbarkeit im Rahmen des Welthandelsrechts ausreichen und Investitionsschutzabkommen könnten künftig innerhalb der WTO geregelt werden. Hiergegen spricht jedoch, dass im Investitionsrecht Privatpersonen oder Unternehmen Akteure sind und ein Investor seine Rechtsposition nur mithilfe eines Investor-Staat-Streitschlichtungsverfahrens geltend machen kann. Das Schiedsverfahren innerhalb der WTO sieht jedoch nur Staaten (oder Regierungen gesonderter Zollgebiete) als Akteure vor, nicht jedoch einzelne Individuen oder Unternehmen. Um seine Rechte vor der WTO geltend zu machen, wäre der Investor also auf seinen Heimatstaat angewiesen. Wie oben schon angesprochen wurde, sind solche Staat-Staat-Verfahren außerdem politisch heikel.

Zudem wurde schon einmal versucht, das Investitionsrecht innerhalb der WTO zu regeln. In der Uruguay-Runde wurde zwar über Investitionsrecht verhandelt, jedoch kam es nur zu dem Abkommen über handelsbezogene Investitionsmaßnahmen (TRIMS-Übereinkommen), weil sich die Staaten nicht über andere Bereiche des Investitionsrechts einigen konnten. In den Anwendungsbereich des TRIMS-Abkommen fallen lediglich handelsbezogene Investitionsmaßnahmen, aber keine dienstleistungsbezogenen Investitionsmaßnahmen. Damit garantiert dieses Abkommen keinen vollumfänglichen Schutz für Investoren.[103]

Ein künftiges Investitionsschutzabkommen innerhalb der WTO erscheint aufgrund der schwerfälligen Verhandlungen in weiter Ferne. Dies ist zum Beispiel daran zu erkennen, dass die Verhandlungen im Rahmen der 2001 begonnenen Doha-Runde schon seit Jahren andauern und immer noch nicht abgeschlossen sind. Bilaterale Verhandlungen sind stattdessen viel erfolgversprechender als das Warten auf ein multilaterales Investitionsschutzabkommen innerhalb der WTO.

Multilaterale Investitionsschutzabkommen

Anstatt das Investitionsrecht zu fragmentieren, könnte ein neues multilaterales Abkommen zum Investitionsrecht außerhalb der WTO geschaffen werden. Dies wurde allerdings schon innerhalb der OECD versucht, die zwischen 1995 und 1998 über den Entwurf für das Multilateral Agreement in Investment verhandelte. Letztendlich scheiterte dieser Entwurf, weil sich die Staaten nicht auf ein einheitliches Abkommen einigen konnten. Daher ist es unwahrscheinlich, dass es in den nächsten Jahren zu einem ähnlichen Entwurf für einen multilateralen Vertrag kommen könnte, den eine große Anzahl von Staaten unterzeichnen würde. Stattdessen ist es sinnvoller, Investitionskapitel in Freihandelsabkommen wie CETA zu integrieren. Auf Dauer führt eine solche Integration von Investitionskapiteln zu einer Harmonisierung des Investitionsrechtes, auch wenn zurzeit kein universales Investitionsschutzabkommen verhandelt werden kann.

Ausblick

Wie dargestellt wurde, bietet Investitionsschutz in Form von Schiedsgerichten viele Vorteile: Ausländische Unternehmen fördern mit ihren Investitionen das Wirtschaftswachstum des Gaststaats und sind gleichzeitig durch die Abkommen hinreichend vor Diskriminierung und Enteignung geschützt. Außerdem gibt es keine zufriedenstellenden Alternativen zur Investitionsschiedsgerichtsbarkeit, die den Investoren einen ausreichenden und effektiven Schutz garantieren.

Bei der Überprüfung der Klauseln von CETA wurde gezeigt, dass ein Großteil der Kritik an internationalen Schiedsgerichten gegenstandslos ist. Die EU und Kanada garantieren mithilfe von CETA Verfahrenstransparenz, ein rechtsstaatliches Verfahren mit einer Berufungsinstanz und den Handlungsspielraum der Staaten. Problematisch ist jedoch, dass der Schutz in CETA weit hinter dem Schutz von anderen Investitionsschutzabkommen zurückbleibt. Außerdem bleibt abzuwarten, ob die Einführung eines Investitionsgerichtshofes der richtige Schritt war oder ob Investoren im Vergleich zu ad-hoc-Schiedsgerichten, in denen sich beide Parteien gemeinsam auf Schiedsrichter einigen, benachteiligt werden.

Fraglich ist auch, ob alle EU-Mitgliedstaaten den Regelungen bezüglich der Streitbeilegung zwischen Staaten und Investoren in CETA zustimmen werden und ob die Union künftig überhaupt solche Regelungen in ihre Freihandelsabkommen integrieren wird. Seit dem Gutachten 2/15 des EuGH steht fest, dass die Union diese Abkommen nicht ohne die Zustimmung ihrer Mitgliedstaaten schließen darf. Nach langwierigen Verhandlungen über den Investitionsschutz könnten künftige Abkommen womöglich schon an der fehlenden Zustimmung eines einzigen Mitgliedstaates scheitern.

Literatur

Dolzer, Rudolf/Schreuer, Christoph, Principles of International Investment Law, Oxford 2. Aufl. 2012.

Epping, Volker, Grundrechte, Berlin 7. Aufl. 2017.

EuGH vom 16.05.2017, Gutachten 2/15 (Freihandelsabkommen EU-Singapur), http://curia.europa.eu/jcms/upload/docs/application/pdf/2017-05/cp170052de.pdf (03.07.2017).

Krajewski, Markus, Wirtschaftsvölkerrecht, Baden-Baden 2. Aufl. 2009.

Metalclad Corp. vs. United Mexican States, ICSID (Additional Facility), ARB (AF)/97/1, Award of the Tribunal 30 August 2000, http://www.worldbank.org/icsid/cases/mm-award-e.pdf.

Quick, Reinhard, Warum wir ISDS in TTIP brauchen, in: ZEuS 3/2015.

Schill, Stephan, Auswirkungen der Bestimmungen zum Investitionsschutz und zu den Investor-Staat-Schiedsverfahren im Entwurf des Freihandelsabkommens zwischen der EU und Kanada auf den Handlungsspielraum des Gesetzgebers, Kurzgutachten, Heidelberg 2015.

Schill, Stephan, Internationaler Investitionsschutz und Verfassungsrecht, in: Verfassungsblog, 14.05.2014, http://www.verfassungsblog.de/internationaler-investitionsschutz-und-verfassungsrecht/ (27.7.2017).

Tietje, Christian/Baetens, Freya, The Impact of Investor-State Dispute Settlement (ISDS) in the TTIP, http://www.rijksoverheid.nl/documenten/rapporten/2014/06/24/the-impact-of-investor-state-dispute-settlement-isds-in-the-ttip (27.07.2017).

Tietje, Christian, Internationales Wirtschaftsrecht, Berlin 2. Aufl. 2015.

UNCTAD, IIA Monitor No. 3 (2009), Recent Developments in International Investment Agreements; http://unctad.org/en/Docs/webdiaeia20098_en.pdf (21.07.2017).

UNCTAD, IIA Issues Note, No. 1 (May 2017), Investor-State Dispute Settlement: Review of Developments in 2016; http://unctad.org/en/PublicationsLibrary/diaepcb2017d1_en.pdf (03.07.2017).

UNCTAD, Recent Trends in IIA and ISDS (2015), http://unctad.org/en/PublicationsLibrary/webdiaepcb2015d1_en.pdf (07.07.2017).

http://www.bmwi.de/Redaktion/DE/Artikel/Aussenwirtschaft/investitionsschutz.html (03.07.2017)

http://investmentpolicyhub.unctad.org/IIA (03.07.2017).

http://trade.ec.europa.eu/doclib/docs/2014/september/tradoc_152806.pdf (16.07.2017).

http://www.uncitral.org/pdf/english/texts/arbitration/rules-on-transparency/Rules-on-Transparency-E.pdf (27.07.2017).

JUSTUS HÖVELMANN

Wirtschaftssanktionen als aussenpolitisches Instrument – Freihandel und dessen Einschränkung

Einleitung

Im Zuge der Krim-Krise des Jahres 2014 ist der deutschen Exportwirtschaft zuletzt auf sehr schmerzhafte Art und Weise bewusst geworden, wie sehr das eigene Geschäft von der politischen Großwetterlage abhängen kann. Gerade in Zeiten, in denen der freie Handel zwischen Wirtschaftsakteuren über Grenzen hinweg als eine große zivilisatorische Errungenschaft gilt und zu einer stetigen Mehrung des globalen Wohlstands geführt hat, geht von der Einschränkung dieses Anrechts durch die internationale Politik als Druckmittel zur Durchsetzung der eigenen politischen Agenda ein starker Reiz aus.

Gegenstand des vorliegenden Artikels ist daher die Fragestellung, ob allgemeinverbindliche Wirtschaftssanktionen als ein angemessenes Mittel des außenpolitischen Instrumentariums angesehen werden können. Sanktionen werden auf der einen Seite beispielsweise dazu genutzt, der Beschneidung von elementaren Grund- und Freiheitsrechten in autokratischen Staaten zu begegnen. Auf der anderen Seite haben Wirtschaftssanktionen oftmals in großem Umfang Folgen für den freien Austausch von Waren und Dienstleistungen zwischen zivilen Wirtschaftszweigen. Demnach stellen Sanktionen auch einen nicht unerheblichen staatlichen Eingriff in individuelle Eigentumsrechte dar. Vor diesem Hintergrund erfolgt die Anwendung von Wirtschaftssanktionen zur Durchsetzung staatlicher Interessen im außenpolitischen Kontext keineswegs im luftleeren Raum und bedarf einer sorgfältigen Abwägung der Konsequenzen im jeweiligen Einzelfall.

Dementsprechend stellt sich außerdem die Frage, ob Sanktionen gegen konkrete Personengruppen aus der politischen, gesellschaftlichen und wirtschaftlichen Elite der zu sanktionierenden Staaten als probate Alternativen zu allgemeinverbindlichen Einschränkungen des zivilen Waren- und Güteraustauschs anzusehen sind.

Sanktionen als außenpolitisches Instrument – eine Einordnung

Außenpolitische Beziehungen zwischen Staaten sind für gewöhnlich hochkomplex. Nicht nur unterscheiden sich die Interessen zwischen den verschiedenen Akteuren auf der internationalen Bühne; sie können vielmehr miteinander kollidieren oder sich gegenseitig sogar gänzlich ausschließen. Um zu verstehen, welchen Stellenwert Wirtschaftssanktionen im Kontext diplomatischer Beziehungen einnehmen, müssen auch alternative Formen der Konfliktbewältigung bzw. Gewaltausübung sowie ihre Wirkungsweise mit in die Betrachtung einbezogen werden.

Macht in der internationalen Politik

Unbestreitbar sind sowohl die Herausforderungen politischer Interaktion als auch die daraus resultierenden Regel- und Gesetzmäßigkeiten einem stetigen Wandel unterzogen, der von einer Vielzahl von Faktoren bedingt ist. Seitdem sich Nationalstaaten als Weltmächte auf den Schlachtfeldern Europas und im Nachgang in einer Vielzahl von Auseinandersetzungen und konstruierten Drohkulissen im Kalten Krieg gegenüberstanden, sind einige Jahrzehnte vergangen. Die Strukturen und Prozesse der heutigen Zeit sind mehr als je zuvor durch ein Zusammenwachsen der Welt auf Basis von grenzübergreifender Kommunikation und Austausch geprägt. Je bedeutender diese Dimension für die Handlungsweise des Nationalstaats auf der globalen Bühne wird – und es gibt keinen Grund zu der Annahme, diese Entwicklung sei nur temporärer Natur –, desto stärker verändern sich auch die diplomatischen Werkzeuge in der außenpolitischen Interaktion.

In der Theorie der internationalen Beziehungen hat sich die eingängige Unterscheidung zwischen »Hard Power« und »Soft Power« etabliert. Erstere kennzeichnet die Überzeugung des Gegners zur Übernahme des eigenen Willens durch die Ausübung physischer Gewalt, beispielsweise durch das Eintreten in einen bewaffneten Konflikt; neben den beiden Weltkriegen beinhaltet auch die jüngere Geschichte hierzu einiges Anschauungsmaterial. Der Begriff der »Soft Power« wird vor allem durch John S. Nye als Gegenpol zum Konzept physischer Gewaltanwendung geprägt und beschreibt die Fähigkeit zur Überzeugung des politischen Gegenübers, welche in erster Linie auf Kooperation und der Attraktivität eigener Errungenschaften anstatt auf Zwang beruht.[104] Höhere Werte und Moralvorstellungen sowie wirtschaftliche Prosperität sollen als überzeugende Argumente für die Anpassung der Diskursposition der gegnerischen Seite an die eigene dienen.[105]

Wirtschaftssanktionen als Teil des außenpolitischen Instrumentariums

Viele Demokratien suchen sich demnach von diktatorisch geprägten Regimes nicht zuletzt dadurch abzugrenzen, dass für sie die Anwendung von Gewalt zur Durchsetzung der eigenen Interessen, sowohl innerstaatlich als auch auf der internationalen Ebene, eine nachrangige Stellung einnimmt. Die Ideale von universal gültigen Menschenrechten, gleichberechtigten Formen der politischen Partizipation und rechtsstaatlicher Gewaltenkontrolle[106] entwickeln eine Anziehungskraft, deren weltweiter Verbreitung sich in Zeiten von kostengünstiger, digitaler Kommunikation auch autokratische Regime nur noch schwer entziehen können. Die nachlassende Bedeutung von physischer Gewalt als legitimem Mittel der Diplomatie hängt unmittelbar mit dieser Entwicklung zusammen.[107]

Nichtsdestotrotz verlangen auch Zeiten, in denen Verhandlungsprozesse auf der internationalen Bühne die Form eines Austauschs von gegenseitigen Zugeständnissen und Forderungen in der Art eines quid pro quo annehmen, mitunter die Ausübung bzw. Androhung von Zwang. Sanktionen – insbesondere geartet als Beschränkung von Wirtschaft und Handel – stellen in diesem Kontext unter anderem ein Substitut für klassische Formen physischer Gewaltausübung dar und wirken an der Schnittstelle zwischen »Hard Power« und »Soft Power«.

In einem übergeordneten Zusammenhang können Wirtschaftssanktionen dazu dienen, das Verhalten des entsprechenden Zielobjektes zu beeinflussen, vergangene Handlungen zu bestrafen oder als Signal der Bereitschaft zu weitergehenden Schritten verstanden werden. Des Weiteren können Sanktionen aber ebenso genutzt werden, um auf die Wiederaufnahme eines außenpolitischen Dialogs hinzuwirken.[108] Dem immanent ist der duale Charakter von Sanktionen als Maßnahmen, die wirtschaftliche Austauschprozesse sowohl beeinträchtigen können als auch durch die Inaussichtstellung einer Intensivierung der Wirtschaftsprozesse in der Zukunft oder der Gewährung von Entwicklungshilfe positive Anreize schaffen sollen.[109]

Wirtschaftssanktionen können verschiedene Formen annehmen und unterschiedliche Wirkung entfalten. So dient unter anderem die Anwendung von Blockadetechniken – die bereits seit Jahrhunderten ein im Rahmen der militärischen Auseinandersetzung genutztes Mittel darstellen – dem Abschneiden des Gegners von zum Kampfe notwendigen Ressourcen, um ihn schließlich zur Aufgabe zu zwingen.[110] Auswirkungen dieser Taktik auf weite Teile der Zivilbevölkerung erhöhen zusätzlich den Druck auf den Kontrahenten und sind durchaus gewünscht.

Mit der verstärkten wirtschaftlichen Integration vorerst nationaler Märkte, die bereits im 20. Jahrhundert im zunehmenden Maße auftrat, ändern sich auch die Bedeutung und Form von Sanktionen. Zum einen wachsen die Möglichkeiten, dem politischen Gegner durch die Verhängung von Handelsembargos erheblichen wirtschaftlichen Schaden zuzufügen. Da diese Sanktionen sowohl auf die Beschränkung des Handels in verschiedenen wirtschaftlichen Sektoren als auch auf die komplette Einstellung der gegenseitigen Handelsbeziehungen gerichtet sein können, entfalten sie auch im Alltag der Bevölkerung Wirkung und führen zu teils enormen Einschnitten in vielen Lebensbereichen. Allerdings können, je nach Ausmaß der Handelsbeziehungen des gegnerischen Staates mit im Konflikt neutralen Drittstaaten, Sanktionen auch leichter als vormals umgangen werden. Als Reaktion auf diese Entwicklung wandten die Alliierten während beider Weltkriege das sogenannte »Blacklisting« an, welches explizit auch Einschränkungen der Austauschbeziehungen mit privaten und juristischen Personen aus Drittstaaten, die Wirtschaftsbeziehungen mit Nazi-Deutschland pflegten, zur Folge hatte.[111] Darunter fallen sowohl Exportverbote bestimmter Waren an Drittstaaten als auch Beschränkungen des Imports von Waren aus dem zu sanktionierenden Staat. Im Rahmen dieser Maßnahmen kann darüber hinaus die eigene wirtschaftliche Stellung genutzt werden, um vormals neutrale Drittstaaten ebenfalls zur Verhängung von Sanktionen gegen den Feind zu bewegen.[112]

Sanktionen wirken demnach umso mehr, je stärker durch dieses Vorgehen die Allianz gegen den gegnerischen Staat ausgeweitet werden kann. Internationalen Organisationen, wie den Vereinten Nationen, kommt in diesem Zusammenhang eine starke Bedeutung zu, da sie – quasi als eine Art Austauschplattform auf der höchsten globalen politischen Bühne – Aufmerksamkeit auf sanktionswürdige Handlungen ihrer Mitglieder lenken können. Dies gilt unbeschadet der Tatsache, dass die Generalversammlung als größtes Gremium der Vereinten Nationen lediglich rechtlich nicht bindende Empfehlungen für wirtschaftliche Sanktionen gegen einen Mitgliedstaat aussprechen kann.[113]

Finanzielle und personenbezogene Sanktionen

In Zeiten von globalisierten und miteinander stark verflochtenen Finanzmärkten gewinnen auch finanzielle Sanktionen in Form von Einschränkungen des freien Kapitalverkehrs oder des Einfrierens von Bankkonten und Finanzaktiva zunehmend an Relevanz.[114] Vor allem Länder mit bedeutenden Reservewährungen oder großen Finanzzentren – wie insbesondere die USA oder Großbritannien – machen Gebrauch von der Begrenzung der Zugangsmöglichkeiten zu ihren nationalen Kapitalmärkten zur Verfolgung außenpolitischer Motive oder zur Ächtung von Menschenrechtsverletzungen in anderen Teilen der Welt. Für die meisten globalen Investoren ist der Zugang zu den besonders liquiden US-amerikanischen Anleihemärkten unumgänglich, um beispielsweise eine angemessene Risikodiversifikation des eigenen Portfolios sicherzustellen. Handelt es sich dabei um wirtschaftlich und politisch einflussreiche Individuen oder Staatskonzerne aus sanktionierten Staaten, können finanzielle Sanktionen auch auf staatlicher Ebene empfindlichen politischen Schaden anrichten.

Darüber hinaus stellt auch die Möglichkeit von Reisebeschränkungen durch Visasperren eine vermeintlich besonders effektive Form der direkten Sanktionierung bestimmter Personenkreise dar, die in ihren Heimatstaaten oft bedeutenden politischen, wirtschaftlichen oder gesellschaftlichen Einfluss haben. Dies ist umso wirkungsvoller, je mehr Staaten sich gleichermaßen auf ein entsprechendes Vorgehen einigen.

Da sich auch die Spielregeln internationaler Konflikte im 21. Jahrhundert in immer rasanterem Tempo verändern und zunehmend von asymmetrischen Auseinandersetzungen staatlicher und privater Akteure geprägt sind, gewinnen Sanktionen auch im Kampf gegen den globalen Terrorismus eine immer stärkere Bedeutung. Warlords und internationale Terrororganisationen nutzen die Ausbeutung von heimischen Ressourcen – wie z. B. Ölreserven – zur Finanzierung ihrer Aktivitäten. Dabei spielen neben ideologischen oft auch rein ökonomische Motive eine bedeutende Rolle.[115] Sektorenübergreifende Export- und Importbeschränkungen sind in diesem Kontext wenig geeignet, empfindlichen Druck auf die am globalen Terrorismus beteiligten Kräfte auszuüben. Als deutlich effektiver erweisen sich auch hier Einschränkungen des Zugangs zu bestimmten Finanzmärkten zum Zwecke privater Investitionen in Form schwarzer Listen, die Beschlagnahme von Vermögenswerten sowie Reisebeschränkungen.[116]

Im Spannungsfeld: Kosten und Nutzen von Sanktionen

Um die Effektivität einer Sanktionsmaßnahme beurteilen zu können, muss zunächst Klarheit darüber bestehen, welches Ziel erreicht werden soll. Davon abhängig erfolgt ebenso die Entscheidung über Art und Umfang von Sanktionen. Soll durch das Verhängen von Sanktionen in erster Linie eine entsprechende Signalwirkung ausgehen, können schon vermeintlich kleine Maßnahmen, wie zum Beispiel der Ausschluss der gegnerischen Partei von internationalen Gesprächsformaten, die Missbilligung des anlassgebenden Verhaltens verdeutlichen.[117] Visasperren und finanzielle Sanktionen wurden zuletzt häufig zur Bestrafung von Menschenrechtsverletzungen durch kriminelle Einzelpersonen oder Personenkreise verwendet, können aber ebenso dazu geeignet sein, die politische Elite eines Staates zum Überdenken der eigenen Handlungsweise zu bewegen. Sollen schließlich die Fähigkeiten eines Staates zur Mobilisierung seiner militärischen Ressourcen kurz- bis mittelfristig zur Abwendung einer konkreten Bedrohung unterbunden werden, können auch Im- und Exporte von Rüstungsgütern oder kriegsrelevanten Ressourcen oder der Zugang zu internationalen Finanzmärkten restringiert werden. Da damit oftmals Handelsbeschränkungen für sogenannte »Dual-Use Goods« einhergehen, sind auch zivile Wirtschaftszweige und somit unmittelbar die Bevölkerung des sanktionierten Staates von den Maßnahmen betroffen.

Zusätzlich kann die Sanktionierung des Handelns einer Regierung in Zeiten der Globalisierung auch Einfluss auf die Reisefreiheit ihrer Staatsbürger haben, die sich mit etwaigen Beschränkungen konfrontiert sehen können. Der Austausch zwischen Kulturen nimmt insbesondere für Angehörige jüngerer Generationen mittlerweile einen bedeutenden Stellenwert ein, ebenso wie die Aussicht auf Tätigkeit in einem internationalen Arbeitsumfeld. Ob die Verschlechterung der ökonomischen Perspektive breiter Bevölkerungsteile ihre intendierte Wirkung dahingehend entfaltet, dass diese dem sanktionierten Staat ihre Unterstützung entziehen, ist im Einzelfall keineswegs sicher, sondern hängt von einer Vielzahl politischer und gesellschaftlicher Faktoren ab. Letzten Endes schränken die sanktionierenden Staaten durch die Nutzung von »Hard Power« Ressourcen die Anziehungskraft, welche sie aufgrund ihrer Wertebasis und ihrer wirtschaftlichen Überlegenheit entfalten, und dementsprechend auch die Kapazitäten zur Nutzung ihrer »Soft Power« teils erheblich ein.[118] Die Tragweite dieses Trade-offs sollte vor der Anwendung von Sanktionen wohl überlegt sein.

Neben der Bestimmung von Art und Umfang der Maßnahmen muss der Erreichungsgrad des im Vorfeld definierten Ziels einem kontinuierlichen Monitoring unterworfen werden, welches sich mitunter als ausgesprochen schwierig erweisen kann. Da nicht immer mit abschließender Sicherheit klar ist, ob die ergriffenen Maßnahmen beispielsweise tatsächlich zu einer Handlungsanpassung des politischen Gegners beigetragen haben, ist bei der Aussetzung oder Erleichterung von Sanktionen nach wie vor großes diplomatisches Gespür gefragt.

Eine umfangreiche Studie über die Effektivität von Wirtschaftssanktionen kommt zu dem Schluss, dass diese nur in etwa 34 Prozent der Fälle die intendierte Wirkung entfaltet haben. Die Autoren leiten daraus entscheidende Erfolgsfaktoren für das Gelingen von Sanktionsverfahren ab. Dazu gehören die klare Abwägung von ökonomischen Nutzen und Kosten, die Beachtung der komplexen Wirkungsmuster von Sanktionen sowie eine angemessene, anlass- und zielbezogene Auswahl des Umfangs der zu ergreifenden Maßnahmen. Zusätzlich stellen sie fest, dass allgemeinverbindliche Wirtschaftssanktionen oft nicht das richtige Mittel darstellen, um autokratische Regimes zur Anpassung des eigenen Handelns zu bewegen.[119]

Aktuelle Fallbeispiele

Im Folgenden sollen einige Fallbeispiele zur Illustration der Anwendungsmöglichkeiten, Wirkungsweisen und der Effektivität von Wirtschaftssanktionen dienen. Die Auswahl dieser Beispiele erfolgt maßgeblich aufgrund ihrer Aktualität und Repräsentativität für die sich wandelnde Gestalt außenpolitischer Diskurs- und Handlungsweisen.

Der »Magnitsky Act«

Ein besonders relevantes Beispiel für Sanktionen, die gezielt auf bestimmte Personen und Personengruppen gerichtet sind, bildet der sogenannte »Magnitsky Act«. Mit diesem Gesetz reagierte die US-amerikanische Regierung im Dezember 2012 auf den Tod des russischen Anwalts Sergei Magnitski, der im Laufe von Korruptionsermittlungen gegen russische Amtsträger in einem Moskauer Gefängnis zu Tode kam.[120] Im Rahmen seiner Tätigkeit als Rechtsbeistand für die Investmentgesellschaft Hermitage Capital deckte Magnitski im Vorfeld einen massiven Steuerbetrug russischer Regierungsbeamter mithilfe der illegalen Übernahme von Tochtergesellschaften des Hermitage Fund auf.[121]

Eine im Nachgang angesetzte offizielle Ermittlung unter dem damaligen russischen Präsidenten Dimitri Medwedew kam zu dem Ergebnis, dass Magnitski zu Unrecht durch die russischen Strafverfolgungsbehörden festgehalten wurde; dass ihm während seiner Haft medizinische Versorgungsmaßnahmen vorsätzlich vorenthalten wurden und dass er am Ende der Strapazen seiner Haft durch bewaffnete Wächter zu Tode geprügelt wurde. Trotz der – zögerlich eingeleiteten – offiziellen Untersuchung erfolgten aus diesem Verhalten keine Konsequenzen für Mitglieder der russischen Strafverfolgungsbehörden.[122] Die als Reaktion auf diese Vorgänge durch die US-Regierung erlassenen Sanktionen beinhalten Visasperren und das Einfrieren von Vermögenswerten. Die Namen der zu sanktionierenden Personen befinden sich auf einer Liste, die nach bestimmten Maßgaben anlassbezogen aktualisiert wird.[123] In dem verabschiedeten Gesetz wird ausdrücklich darauf hingewiesen, dass die USA den Fall Magnitski als repräsentativ für Menschenrechtsverletzungen durch russische Behörden in einer Vielzahl ähnlicher Fälle ansehen.[124] Dies verdeutlicht den Charakter personenbezogener Sanktionen als ein Werkzeug zur direkten Belangung einflussreicher Individuen, welche an entscheidenden Stellen die Werte und Verhaltensweisen einer Gesellschaft mitdefinieren.

Zeitgleich mit der Verabschiedung des »Magnitsky Act« beschlossen die USA einen Fortschritt in der Normalisierung der regulären Handelsbeziehungen zu Russland, die unter anderem mit dem kürzlich erfolgten Beitritts Russlands zur Welthandelsorganisation zusammenhing.[125] Dies zeigt, dass die Sanktionierung einzelner Individuen zur Durchsetzung außenpolitischer Interessen keinen Widerspruch zur Ermöglichung eines freien Austauschs von Waren und Dienstleistungen für weite Teile der regulären Wirtschaft darstellen muss.

Eine Einschätzung über die Tragweite und Auswirkungen der Sanktionen für die betroffenen Individuen gestaltet sich mitunter schwierig. Allerdings verabschiedete die Putin-Administration als Reaktion auf die US-Sanktionen im Dezember 2012 eine Adoptionssperre für US-Familien, die sich dazu bereit erklärt hatten, russische Waisenkinder aufzunehmen.[126]

Neben der politischen Reaktion Russlands kann auch der Umfang der von den Finanzsanktionen betroffenen Vermögenswerte von Privatpersonen als Indikator für den Wirkungsgrad der getroffenen Regelungen dienen.

Sanktionen im Kontext der Krim-Krise

Im Nachgang des Volksaufstandes und des anschließenden Regierungsumsturzes in der Ukraine annektierte Russland die vormals ukrainische Krim-Halbinsel. Als Reaktion auf diesen völkerrechtswidrigen Akt verabschiedeten die Staaten der Europäischen Union im März 2014 umfassende Sanktionen gegen Russland. Dazu gehören Visasperren und das Einfrieren von Vermögenswerten von mehr als 150 Personen und fast 40 Organisationen, die unmittelbar an den Vorgängen beteiligt waren oder davon profitiert haben. Zusätzlich verabschiedete Restriktionen umfassen Import- und Exportbeschränkungen für Rüstungsgüter und Ölbohrtechnik sowie Investitionsbeschränkungen. Diese Sanktionen richten sich dezidiert gegen Operationen auf der Halbinsel Krim und beziehen zudem Tourismusaktivitäten durch in der EU ansässige Anbieter mit ein.[127]

Der Abschuss eines Passagierflugzeuges durch pro-russische Rebellen im Juli 2014 führte zur weiteren diplomatischen Eskalation der Situation und kurz darauf zu einer Verschärfung der Sanktionen, die sich nun nicht mehr ausschließlich auf bestimmte Personenkreise sowie die Krim-Halbinsel beschränken. Auch betroffen sind Finanzinstitute, an denen der russische Staat nennenswerte Beteiligungen unterhält und deren Zugang zu den europäischen Finanzmärkten unterbunden wird. Zudem wird EU-Bürgern die Investition in Anteile und Anleihen ebendieser Banken sowie mit den Instituten in Verbindung stehenden Dritten untersagt. Auch Rüstungsexporte werden nunmehr verboten. Davon sind auch Produkte betroffen, die zwar militärisch, aber auch in zivilen Verarbeitungsprozessen genutzt werden können, insbesondere im Energiesektor (»Dual-Use Goods«).[128]

Es sei darauf hingewiesen, dass die Verhängung von Sanktionen, die auch zivile Wirtschaftszweige betreffen, als zweite Eskalationsstufe im Sanktionsprozess erfolgte. Ein Eingriff in privatwirtschaftliche Austauschmechanismen durch staatliche Organe sollte im nationalen wie im internationalen Kontext erst nach sorgfältiger Abwägung von Kosten und Nutzen der Maßnahmen erfolgen. Da insbesondere die deutsche Wirtschaft spezialisierte Anlagegüter nach Russland exportiert, wurden die Ankündigungen hier besonders kritisch aufgenommen, wenngleich auch viele betroffene Unternehmen und Wirtschaftsverbände das russische Vorgehen verurteilen. Neben den negativen Auswirkungen der Sanktionen auf die deutsche Wirtschaft wird insbesondere ihre Effektivität infrage gestellt.[129]

Eine Studie des Centre for European Reform untersucht die Auswirkungen der Sanktionen sowohl auf die russische als auch auf die europäische Wirtschaft.[130] Demnach entfalten die Maßnahmen einen deutlich stärkeren Effekt auf der russischen Seite, da ein fallender Ölpreis und ein abstürzender Rubel die stark rohstoffabhängige russische Wirtschaft zusätzlich empfindlich treffen. Eine Verteuerung der Importe von Gütern des täglichen Bedarfs und damit einhergehende Inflation haben auch für die russische Zivilbevölkerung tiefgreifende Auswirkungen. Liquiditätsprobleme russischer Banken führen für private Unternehmen und Haushalte mittel- bis langfristig zu einer Verschlechterung der Finanzierungskonditionen. Wenngleich die Autoren der Studie davon überzeugt sind, dass das völkerrechtswidrige Handeln Russlands eines entschlossenen Entgegentretens der internationalen Gemeinschaft bedarf, weisen sie auch auf die Gefahr einer Destabilisierung der inneren Ordnung Russlands hin. Zudem scheint die für Sanktionen angenommene Wirkungslogik innerhalb der russischen Gesellschaft insofern außer Kraft gesetzt zu sein, als die Unterstützung für Putins Politik seitens der russischen Bevölkerung mit Inkrafttreten der Beschränkungen, trotz der damit verbundenen Entbehrungen, kontinuierlich gewachsen ist. Entscheidend für den Erfolg der durch die internationale Gemeinschaft ergriffenen Maßnahmen ist demnach insbesondere ein kontinuierliches Monitoring ihrer gesamtpolitischen, -wirtschaftlichen und -gesellschaftlichen Auswirkungen, welche keineswegs losgelöst von der diplomatischen Diskursebene betrachtet werden können.

Sanktionen im Atomstreit mit dem Iran

Ein Beispiel für die Aufhebung bestehender Sanktionen durch die internationale Gemeinschaft bietet der kürzlich fortentwickelte Dialog im Atomstreit mit dem Iran. Im Juli 2015 stimmte der Sicherheitsrat der Vereinten Nationen einer teilweisen Auflockerung der bereits seit Jahren bestehenden Sanktionen gegen den Iran zu, welche Visasperren, finanzielle Sanktionen und weitere Wirtschaftssanktionen beinhalteten. Von diesen Vorgängen unberührt bleiben Beschränkungen, die beispielsweise durch die USA unilateral verabschiedet worden sind.[131]

Im Gegenzug für einen Abbau seiner Kapazitäten zur Herstellung von waffenfähigem Nuklearmaterial erhält der Iran Erleichterungen hinsichtlich Exportbeschränkungen, hauptsächlich für seinen ökonomisch besonders wichtigen Öl-Sektor, finanzieller Sanktionen und einen Zugang zum SWIFT-System, welches die Abwicklung des globalen Zahlungsverkehrs zwischen Finanzinstituten regelt.

Davon erhoffen sich nicht nur westliche Unternehmen wichtige Geschäftsimpulse, die vor allem in der stark veralteten Infrastruktur Irans Potenziale sehen.[132] Auch für die – selbst nach internationalen Standards – gut ausgebildete und junge iranische Bevölkerung bieten sich durch die Erleichterung der Sanktionen und die damit verbundenen Wachstumsaussichten der iranischen Wirtschaft neue Möglichkeiten. Entsprechend frenetisch wurde die Entscheidung auf den Straßen Teherans zur Kenntnis genommen.[133]

Bereits vor der Verhängung der Sanktionen gegen den Iran im Jahr 2006 waren Zweifel hinsichtlich ihrer Effektivität artikuliert worden. Im Zentrum stand damals insbesondere die Frage, ob allgemeinverbindliche Sanktionen vor dem Hintergrund der damit verbundenen Einschränkungen für die iranische Bevölkerung kontraproduktive Konsequenzen entfalten könnten, während die für die politischen Geschicke des Landes verantwortlichen Eliten sie zu wenig zu spüren bekämen.[134] In diesem Kontext wird das Dilemma deutlich, in dem sich die internationale Politik häufig befindet: Die Abwendung unmittelbarer Bedrohungen ohne militärisches Eingreifen erfordert manchmal den Griff zu Maßnahmen, die auch kurzfristig ausreichenden Druck auf den politischen Gegner ausüben können, dabei aber umso stärker in komplexe gesellschaftliche und wirtschaftliche Zusammenhänge eingreifen.

Fazit

Im 21. Jahrhundert stellen Sanktionen zunehmend das Mittel der Wahl dar, wenn die Durchsetzung außenpolitischer Interessen ein entsprechendes Maß an Zwang erfordert. Gleichzeitig hat die mit der Globalisierung stattfindende Auflösung von Grenzen dazu beigetragen, dass der freie Austausch von Waren und Dienstleistungen zwischen Individuen unterschiedlicher Staatsangehörigkeiten den globalen Wohlstand in signifikantem Ausmaß gemehrt hat. In dem Maße, wie diese Entwicklung dazu geführt hat, dass sich Staaten und Gesellschaften einander annähern, bedarf ihre Einschränkung durch staatliche Akteure einer sorgfältigen Abwägung und einer genauen Betrachtung der Ziel-Mittel-Relation. Die Vergangenheit hat gezeigt, dass die Anwendung von Wirtschaftssanktionen komplexen Wirkungsmustern folgt, die auch in den Volkswirtschaften der sie verhängenden Staaten nicht vernachlässigbare Kosten nach sich ziehen können. Gleichzeitig gehen Bedrohungen im 21. Jahrhundert mehr als je zuvor von kriminellen Individuen aus, denen mit allgemeinverbindlichen Sanktionen nur selten effektiv beizukommen ist. Vielmehr sollten es sich demokratische Akteure in der Außenpolitik nunmehr zum Ziel machen, solche Individuen durch Visasperren und finanzielle Sanktionen auf der persönlichen Ebene zu treffen, und gleichzeitig in der Ausweitung wirtschaftlicher und gesellschaftlicher Transaktionen über Ländergrenzen hinweg eine Chance zur nachhaltigen Verbreitung demokratischer Werte sehen.

Literatur

Kern, Alexander: Economic Sanctions, Law and Public Policy, New York 2009.

Bond, Ian/Odendahl, Christian/Rankin, Jennifer, Frozen. The Politics and Economics of Sanctions Against Russia, Centre for European Reform (CER), London 2015.

Browder, William F., Red Notice. A True Story of High Finance, Murder, and One Man's Fight for Justice, New York 2015.

Eckholm, Erik/Herszenhorn, David M., Putin Signs Bill That Bars U.S. Adoptions, Upending Families, *The New York Times* 27.12.2012,

http://www.nytimes.com/2012/12/28/world/europe/putin-to-sign-ban-on-us-adoptions-of-russian-children.html (04.07.2017).

European Union Newsroom, EU Sanctions against Russia over Ukraine Crisis, 20.10.2015, http://europa.eu/newsroom/highlights/special-coverage/eu_sanctions/index_en.htm (04.07.2017).

Hufbauer, Gary Clyde/Schott, Jeffrey J., Can Sanctions Stop the Iranian Bomb? Peterson Institute for International Economics, Washington 2006, http://www.iie.com/publications/papers/print.cfm?ResearchId=606&doc=pub (04.07.2017).

Hufbauer, Gary Clyde/Schott, Jeffrey J./Elliott, Kimberley Ann/Oegg, Barbara, Economic Sanctions Revisited, Washington 3. Aufl. 2007.

Kafsack, Hendrik, Ukraine-Krise, EU verhängt Wirtschaftssanktionen, *Frankfurter Allgemeine Zeitung* 29.07.2014, http://www.faz.net/aktuell/wirtschaft/wirtschaftspolitik/eu-verhaengt-wirtschafts-sanktionen-gegen-russland-13070786.html (04.07.2017).

Münkler, Herfried, Die Neuen Kriege, Hamburg 5. Aufl. 2014.

Nye, Joseph S., Soft Power. The Means to Success in World Politics, New York 2004.

Peters, Jeremy W., House Passes Bill Russia Trade Bill With Eye on Human Rights Abuses, The New York Times 16.11.2012, http://www.nytimes.com/2012/11/17/world/americas/house-votes-to-increase-trade-with-russia.html?_r=0 (04.07.2017).

Russia and Moldova Jackson-Vanik Repeal and Sergei Magnitsky Rule of Law Accountability Act of 2012. Public Law 112–208, Dec. 14, 2012.

Streit über härtere Strafen, Russland-Sanktionen spalten deutsche Wirtschaft, *Handelsblatt* 16.09.2014, http://www.handelsblatt.com/politik/deutschland/streit-ueber-haertere-strafen-russland-sanktionen-spalten-deutsche-wirtschaft/10709552.html (04.07.2017).

The View from Teheran, The Young and Hopeful in Iran Are Cautiously Optimistic, *The Economist* 03.04.2015, http://www.economist.com/news/middle-east-and-africa/21646166-young-and-hopeful-iran-are-cautiously-optimistic-view-tehran (04.07.2017).

United Nations Security Council, Resolution 2231 (2015).

UN stimmen Aufhebung der Iran-Sanktionen zu, *Frankfurter Allgemeine Zeitung* 20.07.2015, http://www.faz.net/aktuell/politik/ausland/sicherheitsrat-un-stimmen-aufhebung-der-iran-sanktionen-zu-13711983.html (04.07.2017).

US Department of the Treasury, Resource Center, Financial Sanctions, OFAC Recent Actions, Magnitsky-related Designations, 29.12.2014, http://www.treasury.gov/resource-center/sanctions/Pages/default.aspx (04.07.2017).

When The Sanctions Come Off, *The Economist* 25.07.2015, http://www.economist.com/news/business/21659738-foreign-businesses-eye-new-frontiers-many-obstacles-lie-their-way-when-sanctions (04.07.2017).

FLORIAN A. HARTJEN

BJÖRN URBANSKY

Die Politische Ökonomik der Freihandelsabkommen – Eine Theorie von falschen Freunden und komischen Feinden

We must protect our borders from the ravages of other countries making our products, stealing our companies, and destroying our jobs. Protection will lead to great prosperity and strength.[135]

Auszüge aus der »Inauguration Address« von
US-Präsident Donald J. Trump.

Im Grunde heißt Ihre Parole: Schotten dicht. – Das ist aber keine Parole, die wir für unser Land, für Europa und für den Welthandel als sinnvoll erachten. Im Gegenteil, das wäre ein Schritt zurück in Richtung Nationalismus und Provinzialismus.[136]

Rede von Bundeswirtschaftsminister Sigmar Gabriel (SPD)
anlässlich einer Bundestagsdebatte im September 2014.

Einleitung

Freihandelsabkommen sind komplexe Vertragswerke. Sie enthalten Tausende Einzelregelungen, die weit über den Abbau von Zöllen und anderen Handelsschranken hinausgehen. Es geht um die Harmonisierung von Produktstandards, Regelungen über die Gerichtsbarkeit oder Ausnahmen und Sonderregelungen für Produkte wie Waffen oder landwirtschaftliche Erzeugnisse. Im Grunde sind die Freihandelsabkommen unserer Zeit keine Freihandelsabkommen, sondern Handelsvereinfachungsabkommen. Nur scheint es nach Dekaden zunehmender Regulierung in der westlichen Welt besonders komplex, die Handelsregeln zu vereinheitlichen und zu vereinfachen. Handelsabkommen wie TTIP sind daher Vertragswerke, die in ihrer Gesamtheit wohl niemand versteht.

Gleichzeitig jedoch berühren Freihandelsabkommen zahlreiche Einzel- und Kollektivinteressen. Um nur einige zu nennen: (1) Der Verbraucher, der sowohl sein Elektrogerät zollfrei aus den Vereinigten Staaten importieren wie sich auch auf ihm bekannte Produktstandards verlassen möchte; (2) der Produzent, der die Handelsschranken für sein Produkt möglichst abbauen möchte, während die Konkurrenz nicht unbedingt hiervon profitieren sollte; oder (3) der politische Aktivist, der prinzipientreu und mit voller Überzeugung für oder eben gegen den Freihandel eintritt. Nicht nur der Inhalt der Abkommen ist also komplex, auch die Interessenlage der hiervon betroffenen Personengruppen ist unübersichtlich. Auf den ersten Blick klare Trennlinien wie »Die Wirtschaft ist für Freihandel, die Gewerkschaften dagegen« gelten nicht mehr.

Im Streit für durchlässige Grenzen sieht man sich deshalb mit »falschen Freunden und komischen Feinden« konfrontiert – wie auch die beiden Eingangszitate unterstreichen. Der Öffentlichkeit steht unvermittelt ein republikanischer US-Präsident gegenüber, der mehr Protektionismus fordert, während der damalige SPD-Vorsitzende Sigmar Gabriel den Segen des Freihandels preist. Dies ist aus geschichtlicher und ökonomischer Perspektive genauso erklärungsbedürftig wie die Beobachtung, dass sich Landwirtschafts- und Verbraucherverbände just bei Anti-TTIP-Demonstrationen zusammenfinden.

Im Folgenden werden wir anhand von Fallstudien erläutern, warum die Ursachen für diese Phänomene in den Regeln des politischen Marktes zu suchen sind und welche Implikationen dies für die politische Ökonomik der Freihandelsabkommen hat. Wir greifen dabei in erster Linie zurück auf die Arbeiten der Neuen Politischen Ökonomik, einem Teilgebiet der Neuen Institutionenökonomik[137], deren Grundlagen wir zunächst näher betrachten.

Die Regeln des politischen Marktes

Jede Theorie kollektiven Handelns muss versuchen zu erklären oder zu beschreiben, auf welchem Wege Interessen versöhnt werden können, die miteinander in Konflikt stehen. Im eigentlichen Sinne ist die ökonomische Theorie auch eine Theorie kollektiven Handelns und kann uns dergestalt eine Erklärung dafür liefern, wie die unterschiedlichen und individuellen Interessen durch den Mechanismus von Handel oder Austausch versöhnt werden können.[138]

James Buchanan/Gordon Tullock

Grundannahmen

Die Neue Politische Ökonomik hat die Analyse der politischen Willensbildung und Machtausübung zum Gegenstand. Entgegen dem auch heute noch immer weit verbreiteten Vorurteil, dass politische Akteure lediglich altruistisch und gemeinwohlorientiert handeln, postuliert sie eine marktähnliche Sichtweise auf die demokratischen Institutionen und ihre Akteure. Dies erlaubt die, wenn auch modifizierte, Anwendung wirtschaftswissenschaftlicher Erkenntnisse und Methoden auf politische Vorgänge. Dem zugrunde liegen zwei Annahmen der positiven politischen Ökonomik: Der methodologische Individualismus und die Theorie der rationalen Entscheidung[139].

Der methodologische Individualismus stellt den Einzelnen in den Mittelpunkt der politökonomischen Analyse[140]. Nicht etwa Aggregate wie beispielsweise Klassen oder kulturelle Normen erklären soziale Phänomene, sondern stets das Handeln des Einzelnen. Der Staat wird nicht als eine einzige große Organisationseinheit beschrieben, sondern als Organisation, die sich aus zahlreichen Individuen mit unterschiedlichen Interessen und Präferenzen zusammensetzt.

Die Theorie der rationalen Entscheidung[141] erlaubt nun ein tieferes Verständnis sowie in begrenztem Umfang eine Vorhersage des individuellen Verhaltens. Aus der Mikroökonomik stammend, postuliert sie die Idee des nutzenmaximierenden »Homo oeconomicus«. Rationale Entscheidung bedeutet in diesem Kontext nicht »vernünftig«, sondern bezieht sich im Sinne des methodologischen Individualismus auf die individuelle Kosten-Nutzen-Abwägung jedes Einzelnen. Dementsprechend wählt ein Individuum unter den zur Auswahl stehenden Alternativen immer diejenige, die die geringsten Kosten im Verhältnis zum Ertrag birgt. Es ist dabei weder vonnöten, dass der Einzelne die genauen Kosten noch den genauen Nutzen kennt und selbstverständlich kann er sich auch irren. Man spricht deshalb auch von begrenzter Rationalität.[142]

Individuelle Anreize beeinflussen nicht nur die Entscheidungen des Einzelnen, sondern mittelbar das Handeln ganzer Organisationen. Gesetzt werden die Anreize durch Institutionen – die Spielregeln menschlichen Zusammenlebens[143]. Wesentlicher Bestandteil der Neuen Politischen Ökonomik ist deshalb die Analyse institutioneller Arrangements und ihrer Auswirkungen auf individuelles Verhalten. Gerade auf dem politischen Markt können bestimmte institutionelle Arrangements zu großen Fehlanreizen führen und der Volkswirtschaft erheblich schaden, wie im Folgenden anhand dreier spezifischer Probleme dargelegt wird.

Problem I: Mancur Olsons Theorie der Interessengruppen

Die Theorie der Interessengruppen geht in erster Linie auf die Arbeit Mancur Olsons zurück.[144] Olson befasste sich mit dem Einfluss von Interessengruppen auf die demokratische Willensbildung und damit, inwiefern sich die zwei Parameter Gruppengröße und Art des verfolgten Interesses auf die Schlagkraft einer Interessengruppe auswirken. Im Ergebnis widerlegt er die für gesichert gehaltene Ansicht, dass die größte Bedrohung für offene Gesellschaften von einer »Tyrannei der Mehrheit«[145] ausginge. Dies fußt auf der Erkenntnis, dass es für Interessengruppen, wenn sie ein öffentliches Gut[146] verfolgen, mit steigender Gruppengröße zunehmend schwieriger wird, ihre Mitglieder zu motivieren.

Der Grund hierfür ist die »Trittbrettfahrer-Problematik«. Demnach ist es für Individuen, die in großen Interessengruppen organisiert sind und ein öffentliches Gut verfolgen, rational (also nutzenmaximierend), den anderen Gruppenmitgliedern die Arbeit zu überlassen. Angenommen, eine große Anzahl von Menschen weltweit setzt sich für mehr Freihandel ein und ist in einem Verein organisiert. Im Falle eines Erfolges profitieren alle Gruppenteilnehmer vom Freihandel. Allerdings ist die Gruppe so groß, dass sich die Mitglieder nicht gegenseitig kennen und von ihren jeweiligen Aktivitäten nur wenig erfahren, weshalb sie sich nicht ausreichend kontrollieren wie sanktionieren können. Der eigene Beitrag zum Erreichen des Zieles ist kaum spürbar und trägt nur unwesentlich dazu bei. In diesem Fall besteht ein Anreiz, »Trittbrett zu fahren«.

Olson identifiziert zwei Auswege aus der Trittbrettfahrer-Problematik. So können selektive Anreize positiver oder negativer Art den individuellen Einsatz im Sinne des Gruppenzieles attraktiver wirken lassen. Ein gutes Beispiel für selektive ökonomische Anreize ist das Streikgeld, das Gewerkschaften ihren Mitgliedern im Falle eines Arbeitsausstandes zahlen, nicht jedoch streikenden Arbeitern, die nicht Teil der Gewerkschaft sind. Eine zweite Lösung liegt in der Gruppengröße, die soziale selektive Anreize erzeugen kann. Diese existieren, wenn der individuelle Beitrag für andere deutlich sichtbar ist und der Einzelne sich einer Art Gruppenzwang ausgesetzt fühlt.

Vor diesem Hintergrund erscheinen kleine Gruppen wesentlich schlagkräftiger. Zum einen sind die Anreize für den Einzelnen wesentlich höher, sich aktiv für das Gruppenanliegen einzusetzen, weil sein Engagement entscheidend zum Gruppenerfolg beiträgt. Der individuelle Einsatz führt dementsprechend zu einem höheren Nutzen – aus kollektiver wie individueller Sicht. Individuen sind eher bereit, die Kosten der Interessenvertretung zu tragen. Zum anderen sind die Möglichkeiten zum »Trittbrettfahren« geringer, weil der individuelle Einsatz leichter von der Gruppe beobachtet und sanktioniert werden kann. Entsprechend hoch sind die sozialen Anreize, das Gruppeninteresse aktiv zu verfolgen. In der Konsequenz sind es kleine Interessengruppen, die als besonders einflussreich gelten müssen und das (fiktive) Optimum des politischen Marktes in ihrem Sinne aus dem Gleichgewicht bringen können.

Problem II: Gordon Tullocks Theorie des Rent-Seeking

Das Problem des Rent-Seeking, wie von Gordon Tullock beschrieben[147], bezeichnet individuelles Verhalten, das darauf ausgerichtet ist, staatliche Leistungen ohne entsprechende Gegenleistung zu erhalten (die sogenannte »politische Rente«). Rent-Seeking ist dadurch gekennzeichnet, dass es für den Einzelnen nutzensteigernd ist, während es der Wohlfahrt einer Volkswirtschaft insgesamt schadet. Die große Hebelwirkung, die staatliche Akteure wie Parlamentsabgeordnete oder Bürokraten aufgrund ihrer Machtstellung ausüben können, führt dazu, dass die gesellschaftlichen Kosten des Rent-Seeking den entsprechenden (individuellen) Ertrag um ein Vielfaches übersteigen.

Verfolgt ein Landwirt beispielsweise das Ziel, eine Subvention in Millionenhöhe zu erhalten, so ist es durchaus denkbar, dass er nur einen Bruchteil dieser Summe selbst einsetzen muss (etwa in Form von Parteispenden) um genug Parlamentsabgeordnete dazu zu bringen, eine entsprechende Initiative voranzubringen. Im Gegensatz zur reinen Marktwirtschaft führt die Kombination aus Marktwirtschaft und politischem Markt also dazu, dass die »unsichtbare Hand« des Marktes, die Adam Smith beschrieben hat, durch welche individuelle Interessen zum Vorteil aller in Einklang gebracht werden, nicht mehr zu positiven Ergebnissen führt.

Problem III: George Stiglers Theorie der Regulierung

Eine besondere Form des Rent-Seeking beschreibt der Ökonom George Stigler mit der Theorie der Regulierung[148]. Diese vereint die Theorie der Interessengruppen mit den Erkenntnissen der Rent-Seeking-Forschung. Stigler zeigt, dass sich Regulierungen sehr oft nicht normativ erklären lassen, um zum Beispiel Marktversagen auszugleichen, sondern durch die Aktivitäten von einflussreichen Interessengruppen.

Dieser Logik folgend, gibt es neben dem politischen Markt auch einen Markt für Regulierung, der durch Angebot und Nachfrage bestimmt wird. Anbieter von Regulierung sind Politik und Behörden, während die Regulierung von Unternehmen, Arbeitnehmern, Berufsgruppen und weiteren Interessengruppen nachgefragt wird, die sich durch die gesetzlichen Bestimmungen einen Nutzen erhoffen. Beide Akteure setzen sich für einen Grad an Regulierung ein, der aus gesellschaftlicher Gesamtperspektive viel zu hoch ist.

Aus Sicht der Theorie der Interessengruppen sind auf dem Markt für Regulierung vor allem kleine durchsetzungskräftige Gruppen besonders erfolgreich. Regulierungsbehörden werden entsprechend in den seltensten Fällen von den breiten Bevölkerungsschichten aktiviert, die eine Regulierung schützen soll, sondern von kleinen, aber eben effektiven Interessengruppen, in deren Fokus weniger Schutz als Gewinn steht. Ein Mehr an Regulierung führt dementsprechend häufig nicht etwa zu einem besseren Schutz der Verbraucher, sondern sichert oder verbessert die Position der aktuellen Anbieter und bietet damit eine besondere Form des Rent-Seeking.

Ein Zwischenfazit

Der politische Markt hat seine eigenen Regeln. Er ist weder ein interessenfreier Raum, in dem politische Akteure ihre ganze Kraft darauf verwenden, das Gemeinwohl zu fördern, noch führt er automatisch zu einer Steigerung der Gesamtwohlfahrt, so lange nur alle Akteure konsequent ihre eigenen Interessen verfolgen. Er unterscheidet sich wesentlich von der klassischen Marktwirtschaft dadurch, dass er keine zeitgleiche Erprobung unterschiedlicher Lösungsansätze zulässt[149]. Das führt dazu, dass Fehlentscheidungen auf dem politischen Markt schwerer wiegen als in der Marktwirtschaft. Der Grad der Fehleranfälligkeit des politischen Marktes hängt insbesondere auch von den jeweiligen Institutionen und dem daraus folgenden Einfluss politischer Akteure ab. Je größer die Hebelwirkung politischer Akteure ist, desto größer ist auch die Gefahr unerwünschter Ergebnisse durch Rent-Seeking – insbesondere durch den Einfluss kleiner schlagkräftiger Interessengruppen. Ein Freihandelsabkommen mit seiner umfassenden Regulierungsdichte und -weite ist dementsprechend dazu prädestiniert, politökonomische Probleme zu schaffen, wie die nun folgenden Praxisbeispiele zeigen.

Eine Theorie von falschen Freunden und komischen Feinden

»Es gibt kein Freihandelsabkommen auf der Welt, das das Recht der Gesetzgeber zu regulieren einschränkt. Keins. Kein einziges.«[150]

Friedrich Merz, Vorsitzender der Atlantik Brücke, bei »Anne Will« im Mai 2015.

Von Landwirten, die mit Verbraucherschützern gemeinsame Sache machen, und von Bürokraten, die nicht zu überzeugen wissen
Die Entscheidung, welche Regeln wir uns für den Handel mit anderen Ländern setzen, hat entscheidenden Einfluss auf die Wohlfahrt unserer Volkswirtschaft. Wenn auch nicht immer so eindeutig, wie von manch überzeugtem Freihandelsbefürworter behauptet: Langfristig hat der Abbau von Handelshemmnissen einen positiven Einfluss auf das Wachstum.[151] Und es ist das Wachstum, das die globale Revolution des Lebensstandards der letzten 200 Jahre ermöglicht und ein Ende der absoluten Armut in greifbare Nähe gerückt hat.[152] Während die Bevölkerung also zumindest langfristig von einer Liberalisierung des Handels profitiert – mehr Wohlstand, mehr Gütervielfalt und günstigere Produkte –, können einzelne Unternehmen und Arbeitnehmer kurzfristig durchaus unter der stärkeren Konkurrenz nach einer Handelsöffnung leiden. Gleichzeitig gibt es aber auch Firmen und Berufsgruppen, die durch Handelsabkommen überdurchschnittlich profitieren, weil sie mit ihren Produkten neue Absatzmärkte erschließen können.

Vor dem Hintergrund dieser komplexen und kaum vorhersagbaren Interessenslage verwundert es nur wenig, dass der politische Markt von Freihandelsabkommen besonders umkämpft ist. Überraschender ist da schon eher, wer hier eigentlich mit wem kooperiert und sich für oder gegen bestimmte Handelsabkommen ausspricht.

So kam beispielsweise eine von der EU-Kommission in Auftrag gegebene Studie des Centre for Economic Policy Research (CEPR) zu dem Schluss, dass im Falle eines umfassenden Abbaus von

Handelshindernissen das reale Bruttoinlandsprodukt (BIP) der EU im Jahr 2027 um 0,48 Prozent und das der USA um 0,39 Prozent höher wäre als ohne Freihandelsabkommen[153]. Diese Zahlen sind nicht nur auf den ersten Blick ernüchternd: Ein um 0,48 Prozent höheres reales BIP nach über einer Dekade TTIP ist nicht gerade dazu geeignet, die vielen Skeptiker von der Sinnhaftigkeit eines Abkommens mit den USA zu überzeugen. Hinzu kommt, dass diese Zahlen alles andere als zuverlässig sind. Die wirtschaftliche Entwicklung auf einen so langen Zeitraum zu schätzen, ist überaus fehlerbehaftet. Die TTIP-Befürworter machen sich mit solchen Studien unglaubwürdig; insbesondere auch, weil sie im Diskurs mögliche kurzfristige negative Konsequenzen nicht ansprechen. Mit ihren halbherzigen Anstrengungen macht sich die EU-Kommission zum falschen Freund der Freihandelsbefürworter.

Auf der anderen Seite steht eine überraschende Koalition aus so unterschiedlichen Interessengruppen wie dem Börsenverein des Deutschen Buchhandels, der Arbeitsgemeinschaft »KMU gegen TTIP« sowie den Verbraucherschutzorganisationen und auch zahlreichen Landwirtschaftsverbänden. Repräsentativ für diese Gruppen äußert sich beispielsweise Bioland in einer Pressemitteilung:

»Umwelt- und Sozialstandards beider Wirtschaftsblöcke gelten als Handelshemmnisse und sollen einander angeglichen werden – auf dem kleinsten gemeinsamen Nenner, so steht zu befürchten. Die europäischen Landwirte in einer noch weitgehend bäuerlichen Struktur würden einem immensen Wettbewerbsdruck ausgesetzt, dem sie kaum standhalten könnten.«[154]

Im Vordergrund steht damit ganz offensichtlich der Produzentenschutz. Dass ausgerechnet die Verbraucherschutzverbände mit den Vertretern der Landwirtschaft kooperieren, wirkt besonders skurril. Schließlich sollten die Verbraucherorganisationen nicht nur grundsätzlich dem Abbau von Handelsschranken zugewandt sein, um sinkende Konsumgüterpreise zu erreichen. Den protektionistisch ausgerichteten Partikularinteressen der Landwirte, die darauf abzielen, Wettbewerb und damit sinkende Güterpreise und ein Mehr an Produktvielfalt zu verhindern, sollten sich insbesondere die Verbraucherschutzorganisationen entgegenstellen. Das macht die Koalition gegen TTIP zu komischen Feinden des Freihandelsabkommens.

Fallstudien

In den folgenden drei Fallstudien verknüpfen wir die Theorie des politischen Marktes mit den gemachten Beobachtungen und bieten Erklärungsansätze. Im Fokus stehen dabei der Börsenverein des Deutschen Buchhandels, die Verbraucherschutzorganisationen und die Unternehmer aus dem Bündnis »KMU gegen TTIP« sowie der Bundesverband der Deutschen Industrie e.V. (BDI).

(1) Der Börsenverein des Deutschen Buchhandels: Gegen den Rest der Welt?

Die Mehrzahl der Deutschen ist von den positiven Wirkungen der Globalisierung und offener Grenzen für Güter überzeugt, so eine Allensbach-Studie[155]. Der Fall scheint also intuitiv relativ klar: Freihandelsabkommen werden durch eine breite Gruppe unterstützt, und schutzbedürftig sind allenfalls die Partikularinteressen einiger Unternehmen und Berufsgruppen. Doch die Realität sieht anders aus. Während die EU-Kommission, wie oben beschrieben, ein trauriges Bild bei der Bewerbung von Freihandelsabkommen abgibt, dominieren Freihandelsgegner die öffentliche Diskussion. In der Tat sind es gerade die kleinen und vermeintlich unbedeutenden Interessengruppen, die durch gezielte und scheinbar gut begründete Debattenbeiträge die Diskussion beeinflussen.

So erklärt beispielsweise der Börsenverein des Deutschen Buchhandels auf seiner Website:

> *»Nicht nur für die Buchbranche, sondern für den gesamten Kultur- und Medienbereich ist das Freihandelsabkommen ein Risiko. Wir sorgen uns insbesondere um die Buchpreisbindung für gedruckte und elektronische Bücher. Beim TTIP sind die Interessen der weltgrößten Internetkonzerne involviert, die allesamt auch online-Buchhandelsplattformen betreiben und für die die Buchpreisbindung sehr wohl ein Handelshemmnis auf dem Weg, den europäischen Markt vollständig zu erobern, sein kann.«*[156]

Ein verhältnismäßig kleiner Branchenverband sollte ein riesiges Handelsabkommen kippen wollen? Tatsächlich ist diese Beobachtung nur auf den ersten Blick kontraintuitiv. Zeigt doch Olsons Theorie der Interessengruppen, dass der politische Markt kleine Interessengruppen gegenüber großen bevorteilt. Während die Millionen von Deutschen, die dem Freihandel eigentlich zugetan sind, darauf vertrauen, dass sich ein anderer öffentlich für ihre Überzeugungen einsetzen wird, fällt es dem Buchhandel wesentlich leichter, die öffentliche Diskussion zu beeinflussen. Hinzu kommt, dass der einzelne Buchhändler oder Verlag durch eine vollständige Liberalisierung des Büchermarktes einen höheren individuellen Verlust erwartet als der Freihandelsbefürworter im Gegenzug an Nutzengewinn. Daher ist das Verhalten des Verbandes vollkommen rational: Sollten sie sich durchsetzen, könnten sie sich Privilegien sichern und den Wettbewerbsdruck abmildern.

Es überrascht dann auch nicht, dass die Bemühungen des Buchhandels von Erfolg gekrönt wurden. So veröffentlichte die deutsche Bundesregierung Ende 2015 eine Mitteilung, in der sie konkret auf die Forderung des Verbandes eingeht und sogar die zuständige EU-Kommissarin zitiert:

> *»›Auf keinen Fall‹ werde über die Buchpreisbindung für gedruckte und elektronische Bücher gesprochen, versicherte Malmström in ihrem offiziellen Schreiben an den Börsenverein. (...) Auch Kulturstaatsministerin Grütters zeigte sich angesichts dieser Neuigkeit erleichtert: ›Wir haben bei der EU-Kommission einen wichtigen Etappensieg erzielt. Unser Engagement für das Kulturgut Buch und unser energisches Festhalten an der Buchpreisbindung im Rahmen der TTIP-Verhandlungen trägt jetzt Früchte‹, erklärte sie.«*[157]

Das erfolgreiche Wirken des kleinen Buchhändler-Verbandes verdeutlicht die Aktualität von Olsons Beobachtungen. Die Problematik demokratischer Willensbildung ist nicht allein die Macht einer Mehrheit über eine Minderheit. Auch den kleinen und gut organisierten Interessengruppen sollte mehr kritische Aufmerksamkeit geschenkt werden. Das angesprochene Beispiel veranschaulicht zudem, dass sich staatliche Institutionen wie das Parlament oder Behörden oft nicht dazu eignen, die Interessen einer (fiktiven) Allgemeinheit gegenüber Partikularinteressen durchzusetzen.

(2) Verbraucherschutzorganisationen: Regulierung über alles!
Wie in der ersten Fallstudie gezeigt, ist es für einzelne Interessenverbände durchaus rational, sich gegen Handelsabkommen zum Schutze ihrer Märkte vor ausländischer Konkurrenz einzusetzen. Es gibt aber auch Personengruppen, denen die meisten Ökonomen attestieren würden, dass sie zu den langfristigen Gewinnern einer Liberalisierung gehören würden. Dazu zählen die Konsumenten. Ihnen beschert der Handel mit anderen Ländern eine größere Auswahl an Produkten und Dienstleistungen sowie fallende Preise für Konsumgüter.

Trotzdem sparen in Deutschland gerade die Verbraucherzentralen nicht mit Kritik an TTIP und CETA. Die selbsternannte »starke Stimme der Verbraucher« – der Bundesverband Verbraucherzentralen – erklärte zu den TTIP-Verhandlungen im Jahr 2015, dass gerade der Lebensmittelbereich unter besonderer Beobachtung stehe, schließlich seien Verbraucher hier direkt von Veränderungen betroffen. Entscheidend sei, dass Handelsinteressen nicht über andere legitime Interessen wie die der Verbraucher gestellt würden.[158]

Während der Bundesverband, trotz seiner kritischen Haltung, positive Aspekte nicht ganz ausschließen will[159], sind einzelne Landesverbände in ihrer ablehnenden Haltung kompromisslos. So gehörten die Verbraucherzentralen Baden-Württemberg, Hamburg und Rheinland-Pfalz zum Unterstützerkreis der bundesweiten Großdemonstrationen »CETA & TTIP STOPPEN! – Für einen gerechten Welthandel!« am 17. September in sieben deutschen Städten.[160]

Wenn man die Verbraucherzentralen als Vertreter der Konsumenten auf dem politischen Markt versteht, verwundert es, dass sie eine so kritische Haltung einnehmen. Ihr Hauptargument, dass eine Harmonisierung der Regulierung zum Verbraucher- und Datenschutz zu einem »Race to the bottom« führen würde, also zu einer Herabsetzung der Regulierungsstandards im internationalen Wettbewerb, kann nur funktionieren, wenn staatliche Akteure als einzige mögliche Garanten von Verbraucherschutz angesehen werden. Damit unterminieren die Verbände freilich ihre eigene Position.

Mit Rückgriff auf die Regeln des politischen Marktes lässt sich diese widersprüchliche Haltung allerdings zutreffend erklären:

Erstens: Bei der Gruppe der Konsumenten handelt es sich um einen sehr großen Personenkreis, der sich entsprechend schlecht organisieren lässt. Weil man den einzelnen Konsumenten nicht von den Vorteilen eines Freihandelsabkommens ausschließen kann und sich sein Beitrag zum Gruppenergebnis aufgrund der Größe nicht beobachten lässt, kommt es zu Trittbrettfahrerverhalten. Souveräne Konsumenten, also solche, die davon ausgehen, dass sie sich auch jenseits umfassender staatlicher Eingriffe schützen können, sind also in der Regel nicht in der Lage, sich in Interessengruppen zu organisieren. Stattdessen organisieren sich in den Verbraucherzentralen vor allem jene Personen, die Konsumenten als besonders schutzbedürftig ansehen. Dieses Anliegen der Schutzbedürftigkeit lässt sich im politischen Wettbewerb besser als Clubgut organisieren als die Wünsche der wesentlich größeren Gruppe aller Konsumenten.

Zweitens: Formal sind Verbraucherverbände in Deutschland zwar unabhängig, aber finanziert werden die Organisationen fast ausschließlich von Seiten des Staates. So erhielt der Verbraucherzentrale Bundesverband im Jahr 2015 rund 97 Prozent seines institutionellen Haushaltes von rund 10,5 Millionen Euro vom Bundesministerium der Justiz und für Verbraucherschutz. Auch die Projektausgaben wurden zu einem großen Teil von staatlichen Institutionen getragen[161]. Entsprechend sitzen diese Organisationen auf dem Markt für Regulierungen zwischen den Stühlen. Einerseits treten sie im Sinne der Konsumenten als Regulierungsnachfrager auf und sollten sich entsprechend für eine Regulierung einsetzen, die zu mehr Vielfalt auf dem Güter- und Dienstleistungsmarkt führt. Andererseits sind sie eben, wenn auch nur indirekt, Regulierungsanbieter. Aus Eigeninteresse wird sich die Verbraucherzentrale entsprechend für eine starke Regulierung in Fragen des Verbraucherschutzes einsetzen und dabei die Interessen des souveränen Konsumenten eher vernachlässigen. Nur wenn die Verbraucherorganisationen fortwährend geltend machen können, dass durch ihren Einsatz für mehr Regulierung das Verbraucherinteresse geschützt wird, rechtfertigen sie ihre Existenz (und damit ihre Subvention). Hier liegt also ein klassisches Rent-Seeking-Verhalten vor.

Es lässt sich festhalten: Die Verbraucherzentralen vertreten auf dem politischen Markt eben nicht die Interessen souveräner Konsumenten. Die staatliche Finanzierung der Verbraucherzentralen führt dazu, dass diese Organisationen zwischen den Stühlen sitzen und oft ihr Eigeninteresse anstatt der Wünsche der Konsumenten verfolgen. Entsprechend sollten die Anreize zum Rent-Seeking abgebaut und der Verbraucherschutz privat organisiert werden.

(3) »Unternehmen für gerechten Handel«: Jeder liebt sich selbst am meisten

Die dritte Fallstudie beschäftigt sich mit der Rolle von Unternehmensverbänden bei Freihandelsabkommen. Wie bereits dargestellt, können einzelne Unternehmen durch Freihandel überdurchschnittlich profitieren, aber auch verlieren. Das hängt vor allem davon ab, ob die Handelsöffnung eher neue Möglichkeiten schafft oder eher den Wettbewerbsdruck erhöht. Für das einzelne Unternehmen wäre es daher sinnvoll, sich einerseits für einen leichteren Zugang seiner Produkte zu ausländischen Märkten einzusetzen, zugleich aber den heimischen Markt möglichst effektiv vor ausländischer Konkurrenz abzuschotten.

Dies läuft natürlich nicht nur dem Grundgedanken von Freihandelsabkommen zuwider, sondern ist auch höchst unrealistisch. Kaum eine Regierung wird sich auf ein Abkommen einlassen, das die eigenen Märkte öffnet, während andere nationale Märkte geschlossen bleiben. Entsprechend scheint es nur zwei mögliche Positionen für Unternehmen zu geben: Sich für Handelsöffnung und -harmonisierung einzusetzen – mit der Konsequenz, dass der Konkurrenzdruck steigt; oder sich dagegen einzusetzen – mit der Konsequenz, dass ausländische Märkte weiterhin nur schwer zu erreichen sind und mitunter Produkte teurer bleiben, die für die eigene Produktion bedeutsam sind, wie etwa Rohstoffe oder Maschinen.

Darum werden die einzelnen Unternehmen in Verbandsarbeit investieren und im Sinne der Theorie der Regulierung eine bestimmte Art der Regulierung nachfragen. Es verwundert daher kaum, dass sich Wirtschaftsvereinigungen auf dem politischen

Markt in Deutschland für gegensätzliche Formen der Ausgestaltung von TTIP einsetzen.

So findet man im Netzwerk der Anti-TTIP-Demonstration die Arbeitsgemeinschaft »KMU gegen TTIP« vertreten. Mittlerweile nennt sich der Zusammenschluss von mehr als 2.600 kleinen und mittleren Unternehmen zwar »Unternehmen für gerechten Handel«, aber die Position ist unverändert ablehnend gegenüber TTIP:

> *»Wir widersprechen der Bundesregierung und der Europäischen Kommission, wenn sie behaupten, TTIP oder CETA würde dem Mittelstand nutzen. Das Gegenteil ist der Fall. Zentrale Elemente der geplanten Abkommen wie die Investor-Staat-Schiedsgerichtsverfahren (ISDS), die Vereinheitlichung von Normen und Standards sowie die Marktöffnung im Bereich der Kultur, der Daseinsvorsorge und der öffentlichen Ausschreibungen nutzen vor allem den Interessen globaler Konzerne, die mit besserer Kapital- und Personalausstattung kleine und mittelständische Unternehmen vom Markt verdrängen werden.«*[162]

Neben den bekannten Anti-TTIP-Argumenten – Schiedsgerichte und abnehmende Regulierungsstandards – findet sich in diesem Statement eine klare Forderung für ausreichend Schutz vor ausländischer Konkurrenz. Wenn in der Arbeitsgemeinschaft »Unternehmen für gerechten Handel« vor allem Firmen organisiert sind, die sich in ihren kleinen Märkten eingerichtet haben und diese gern verteidigt wissen wollen, scheint ihr Verhalten im Sinne der Theorie der Interessengruppen rational.

Trotzdem sollten gerade kleinere und mittlere Unternehmen ein Interesse am Abbau von übermäßiger Regulierung haben. Schließlich fehlt ihnen im Gegensatz zu großen Firmen der Apparat, um mit überbordenden gesetzlichen Bestimmungen umzugehen. Für sie sollte daher eine Handelsharmonisierung gleich in doppelter Hinsicht nützlich sein: Zum einen können sie neue Märkte erschließen und zum anderen Kosten für den Umgang mit verschiedenartigen Regulierungen sparen. Auch an dieser Stelle hilft Olson bei der Erklärung dieses scheinbaren Widerspruchs: Die Partikularinteressen einiger weniger Unternehmen, die durch eine Handelserleichterung verlieren würden, lassen sich leichter in einer Interessengruppe organisieren, als sich der Nutzen der großen Allgemeinheit der kleinen und mittleren Unternehmen artikulieren kann.

Wesentlich positiver sieht der BDI das angestrebte Abkommen und »spricht sich für eine ambitionierte und faire, für eine starke Transatlantische Handels- und Investitionspartnerschaft TTIP zwischen den USA und der Europäischen Union aus.«[163] Der Spitzenverband der deutschen Industrie tritt auch sonst vehement für das Freihandelsabkommen ein.

Geht man davon aus, dass im BDI vor allem mittlere und große Unternehmen aktiv sind, die bereits heute gut dafür aufgestellt sind, weitere Märkte zu erschließen, ist leicht verständlich, warum sie eine andere Form der Regulierung nachfragen als die »Arbeitsgemeinschaft Unternehmen für gerechten Handel«. Wobei der direkte Nutzen für sie womöglich kleiner ausfallen dürfte. Zudem sind sie aufgrund ihrer Größe in der Regel besser aufgestellt, um mit den vielen noch existierenden nichttarifären Handelshemmnissen umzugehen.

Den großen Firmen sollte es aufgrund ihrer offensichtlichen Bedeutung für die Wirtschaft auch leichter fallen, Regulierungen in ihrem Sinne zu beeinflussen. Kleine und mittlere Unternehmen spielen im Gesetzgebungsverfahren dagegen kaum eine Rolle, entsprechend wenig Einfluss werden sie auf die Gestaltung von Regulierungen ausüben können.

So finden sich die »Unternehmen für gerechten Handel« auf der Seite der komischen Feinde eines möglichen TTIP-Abkommens wieder. Verhindern lässt sich dies nur, indem die Regulierungsdichte von Freihandelsabkommen stark reduziert wird: Denn je geringer die Gesamtregulierung ausfällt, desto weniger kann sie durch Lobbygruppen vereinnahmt werden.

Falsche Freunde, komische Feinde: Was wir daraus lernen

»Unser Plan für den Freihandel ist ziemlich einfach. Wir fordern: Jeder Engländer soll das Recht haben, zu erwerben, was auch immer er will; wo auch immer es ihm gefällt; gemäß seinen eigenen Wünschen; ohne dass der Staat ihn daran hindert. Das ist unser Plan: Seit sechzig Jahren haben wir ihn nun verfolgt. Und was auch immer andere so behaupten mögen: Wir sind immer noch nicht pleite.«[164]
Winston S. Churchill während des Free Trade Meeting in Birmingham, 11.11.1903

Aus der Theorie von falschen Freunden und komischen Feinden lassen sich auf verschiedenen Ebenen folgende Schlussfolgerungen für die Bemühungen für einen freien Handel ziehen:

1. In der positiven Analyse gilt: Grundsätzlich ist auch bei Freihandelsabkommen Vorsicht geboten bei der Bewertung von Freunden und Feinden. »Die Wirtschaft« ist als Regulierungsnachfrager eben nicht immer der richtige Verbündete im Kampf für offene Märkte. Außerdem ist gerade bei staatsnahen oder gar -finanzierten Verbänden das Rent-Seeking-Verhalten nicht zu unterschätzen.
2. Normativ hingegen ist zu beachten, dass die Fürsprecher weiterer Handelsliberalisierung einen schweren Stand haben: Sie sind bis dato nicht in der Lage, überzeugende Argumente für ihre Positionen auf dem politischen Markt unterzubringen. Insbesondere gelingt es ihnen nicht, trotz der positiven Effekte des weiteren Abbaus von nichttarifären Handelshemmnissen, gegen die Verlustängste gut organisierbarer Einzelinteressen zu mobilisieren – eine Tatsache, die sich in Olsons theoretischem Rahmen gut erklären lässt.
3. Auf der Policy-Ebene stehen zwei konkrete Politikvorschläge im Vordergrund: Anreize und Möglichkeiten zum Rent-Seeking sollten eingeschränkt werden. Der Staat sollte vermeintliche Interessengruppen wie die Verbraucherverbände nicht finanzie-

ren. Außerdem verlangt die Theorie der Regulierung, die Regulierungstiefe und -dichte von Freihandelsabkommen drastisch zu senken. Nur auf diese Weise wird dem in der Gesamtheit schädlichen Einfluss kleiner, schlagkräftiger Lobbygruppen begegnet.

Vor dem Hintergrund, dass weitere Bemühungen für den Abbau von Handelshemmnissen im transatlantischen Handel aufgrund der politischen Entwicklungen in den USA wie in Europa aktuell als wenig wahrscheinlich gelten dürften, sollte sich das Lager der Freihandels-Befürworter neu aufstellen. Statt unrealistischer Versprechen, wie etwa konkrete Zahlen zum Wirtschaftswachstum, scheint eine grundsätzlichere, über ökonomische Kennzahlen hinausgehende Argumentation für Freihandel sinnvoll: Für den Erhalt einer offenen Gesellschaft ist es entscheidend, dass wir unsere Grenzen immer mehr öffnen – für Menschen wie für Güter. Und aus einer historischen Perspektive betrachtet geht es den Staaten heute besser, die sich im Laufe der Geschichte immer wieder für eine Liberalisierung ihrer Handelsbeziehungen entschieden haben: falsche Freunde hin, komische Feinde her.

Literatur

Arbeitsgemeinschaft Unternehmen für gerechten Handel, Über uns, http://unternehmen-handeln.de/ueber-uns/ (04.08.2017).

Becker, Gary S. The economic approach to human behavior, Chicago 1976.

Bioland e.V., Bioland lehnt Freihandelsabkommen mit USA und Kanada ab, Pressemitteilung 26.11.2013, http://www.bioland.de/presse/presse-detail/article/bioland-lehnt-freihandelsabkommen-mit-usa-und-kanada-ab.html (04.08.2017).

Buchanan, James M., The constitution of economic policy, in: *The American economic review* 3/77 (1987), 243–250.

Buchanan, James M./Tullock, Gordon, The calculus of consent, Ann Arbor 1962.

Bundesverband der Deutschen Industrie e.V., Hannoveraner Erklärung: Ein starkes TTIP für Deutschland, http://bdi.eu/media/themenfelder/aussenwirtschaftspolitik/TTIP/downloads/Hannoveraner_Erklaerung_Web.pdf (04.08.2017).

Centre for Economic Policy Research, Reducing transatlantic barriers to trade and investment. An economic assessment; final project report, http://www.economics.jku.at/papers/2015/wp1503.pdf (04.08.2017)

Churchill, Winston S., For Free Trade, New York 2013.

DeCanio, Samuel, Democracy, the Market, and the Logic of Social Choice, in: *American Journal of Political Science* 3/58 (2014), 637–652.

Deutscher Bundestag, Plenarprotokoll 18/54, http://dipbt.bundestag.de/doc/btp/18/18054.pdf (04.08.2017).

Jones, Charles, The Facts of Economic Growth, Cambridge 2015.

Losse, Bert, Zustimmung der Deutschen zu Freihandel und EU steigt, in: *WirtschaftsWoche Online*, 24.06.2017, http://www.wiwo.de/politik/deutschland/allensbach-umfrage-zustimmung-der-deutschen-zu-freihandel-und-eu-steigt/19967658.html (04.08.2017).

Merz, Friedrich, Wem nützt TTIP – Nur Konzernen oder auch Verbrauchern? Anne Will 20.05.2015, https://www.youtube.com/watch?v=iBflexLlY3E (04.08.2017).

Olson, Mancur, The logic of collective action. Public goods and the theory of groups, Cambridge 2003.

Pennington, Mark, Theory, Institutions and Comparative Politics, in: Bara, Judith/Pennington, Mark, Comparative politics. Explaining democratic systems, Los Angeles 2009, 13–40.

Presse- und Informationsamt der Bundesregierung, Buchpreisbindung bleibt, https://www.bundesregierung.de/Content/DE/Artikel/2015/09/2015-09-30-gruetters-buchpreisbindung-ttip.html (04.08.2017).

Rodriguez, Francisco/Rodrik, Dani, Trade policy and economic growth. A skeptic's guide to the cross-national evidence, in: *NBER Macroeconomics Annual* 15 (2000), 261–325.

Simon, Herbert A., A Behavioral Model of Rational Choice, in: *The Quarterly Journal of Economics* 1/69 (1955), 99–118.

Stigler, George J., The Theory of Economic Regulation, in: *The Bell Journal of Economics and Management Science* 1/2 (1971).

Trump, Donald J., Remarks of President Donald J. Trump. As Prepared for Delivery: Inaugural Address, https://www.whitehouse.gov/inaugural-address (04.08.2017).

Tullock, Gordon, Rent seeking, Cheltenham 1993.

Verbraucherzentrale Bundesverband e. V., Jahresbericht 2015/2016, http://www.vzbv.de/sites/default/files/jahresbericht_vzbv_2015_2016.pdf (04.08.2017).

Verbraucherzentrale Bundesverband e. V., *verbraucher politik kompakt* 2/2016, http://www.vzbv.de/sites/default/files/vpk-handelsabkommen-2016-2.pdf (04.08.2017).

Weber, Max, Wirtschaft und Gesellschaft. Grundriss der verstehenden Soziologie, Tübingen 2002.

MAREIKE KÖNIG/TOBIAS VON DREDEN

German Angst oder Missverständnis? Die Deutschen und TTIP

Deutschland lebt in Angst. In Angst vor der Aushöhlung des europäischen Rechtsstaats. In Angst vor dem Ausverkauf deutscher Reinheitsgebote, dem Chlorhuhn und gefährlichem Genfood. In Angst vor der Unterwerfung unter US-amerikanische Großkonzerne. Doch wer zeichnet verantwortlich für diese düsteren Zukunftsvorstellungen? Es ist ein sinisterer Geist namens Transatlantic Trade and Investment Partnership (TTIP). Dieses geplante, wenn auch derzeit auf Eis gelegte, Freihandelsabkommen zwischen den Vereinigten Staaten von Amerika und der Europäischen Union soll unheilvolle Folgen für Deutschland haben: Massive Gesundheitsgefährdungen durch die Absenkung deutscher Lebensmittelstandards auf laxes US-Niveau; Unterminierung demokratischer Prinzipien durch die Einführung privater Schiedsgerichte; Beschneidung von Menschen- und Arbeitnehmerrechten. So zumindest der Eindruck, der sich bei der täglichen Zeitungslektüre, bei diversen Talkrunden und Nachrichtensendungen unweigerlich aufdrängt. Auch Umfragen belegen es: So fand beispielsweise das Pew Research Center Anfang 2015 heraus, dass »die Deutschen« – übrigens ganz im Gegensatz zu Großbritannien, Polen, Italien und selbst dem oft eher protektionistischen Frankreich – das Freihandelsabkommen mehrheitlich ablehnen.[165]

Und diese Angst wird ganz bewusst gestärkt. Die Globalisierungskritiker von Attac zum Beispiel führen in einem Video (»Vorsicht Falle«) »Argumente« auf, warum TTIP als trojanisches Pferd abzulehnen sei: Undemokratisches Gebaren in Geheimverhandlungen! Überflutung des deutschen Marktes mit Chlorrindern, Chlorhühnchen und Hormonfleisch aufgrund »übergreifender Konzerninteressen«! Verseuchung des Trinkwassers und des Bodens durch Fracking! Rückentwicklung stärkerer Bankenregulierung! Bedrohung von Arbeitnehmerrechten durch neue Märkte! Gewinner sind nur Banken und Konzerne![166] Andere Gegner stoßen in das gleiche Horn, indem sie postulieren, TTIP führe zu einer Institutionalisierung von Wirtschaftslobbyismus und bremse Bürgerbeteiligung; die nächste Bankenkrise werde wieder von den Bürgern und nicht von den Banken gezahlt; und die Rechte für Internetnutzer würden eingeschränkt und der Datenschutz aufgeweicht. Zudem sei TTIP eine post-koloniale geopolitische Strategie der EU und der USA, unter welcher besonders die Länder des globalen Südens leiden würden.[167]

So unterschiedlich die einzelnen Ablehnungspunkte sind, so einig sind sich die Kritiker und Gegner in der Quintessenz, welche sich auf die Formeln bringen lässt »DIE Konzerne gegen UNS Bürger« oder – um es mit den Worten der Grünen Jugend auszudrücken – »Die Großen gewinnen, die Kleinen verlieren«[168]. Es ist der alte ideologische Kampf gegen Globalisierung und Kapitalismus. Die Rhetorik hat längst den Rahmen einer konstruktiven Debatte verlassen. TTIP wird zur Grundsatzentscheidung stilisiert: ein Vertrag mit unabsehbaren Folgen. Umfrageergebnisse zeigen, dass das eine extrem erfolgreiche Strategie ist. Empfanden im Februar 2014 noch 55 Prozent der Befragten TTIP als »eine gute Sache«, sprachen sich im Frühjahr 2015 51 Prozent gegen ein Freihandelsabkommen mit den USA aus[169]. Weshalb fällt die Anti-TTIP-Kampagne auf solch fruchtbaren Boden? Und welche Auswirkungen hat die durch Umfragen und omnipräsente Negativkampagnen wahrgenommene Mehrheitsmeinung gegen TTIP auf die deutsche Politik? Auf beide Fragen versuchen wir hier eine Antwort zu finden.

Entstehung der German Angst

Als German Angst bezeichnet man gemeinhin die als typisch deutsch betrachtete Tendenz, negative Entwicklungen und Bedrohungen sofort in ein apokalyptisches Gesamtszenario einzuordnen: Dem Klimawandel folgt der Weltuntergang, dem Freihandelsabkommen der Untergang des deutschen Rechtsstaats. Wer die German Angst als festen Bestandteil der deutschen Mentalität interpretiert, dürfte sich durch die TTIP-Debatte bestätigt fühlen. Unabhängig davon, ob es sich nun um ein deutsches Sonderphänomen handelt, ist es spannend, sich mit der Frage auseinanderzusetzen, weshalb die Anti-TTIP-Bewegung einen so großen Erfolg zu verzeichnen hat.

Wie lässt sich ein Gefühl des Misstrauens und der Angst gegenüber einer Idee, einer Maßnahme oder einem Projekt erzeugen? Eine sehr effektive Methode ist es, Unsicherheit zu vermitteln und zu verstärken. Das ist bei einem komplexen Anliegen wie einem Freihandelsabkommen recht einfach. Rund ein Fünftel der in Deutschland Befragten trauen es sich nicht zu, eine Meinung zu TTIP abzugeben.[170] Die in den Medien am häufigsten diskutierten Komponenten des Abkommens sind der Investorenschutz und die Schiedsgerichte.[171] Interessanterweise erscheint gerade das Konzept der Schiedsgerichte so komplex, dass sich die Hälfte der von der Gesellschaft für Konsumforschung e.V. befragten Bürgerinnen und Bürger hierzu keine Einschätzung zutraute.[172] Dazu kommt die heraufbeschworene Bedrohung einer Überschwemmung des deutschen Marktes mit gentechnisch veränderten Lebensmitteln. Ein weiterer Unsicherheitsfaktor, denn rund ein Viertel der Konsumenten fühlt sich nicht in der Lage, eine Entscheidung für oder gegen gentechnisch veränderte Produkte zu fällen, weil sie sich nicht ausreichend informiert fühlen.[173] Unsicherheit ist der Nährboden, auf dem emotionale Argumente ihre Wirkung hervorragend entfalten können.[174] Vor diesem Hintergrund ergibt auch der stete Verweis auf die Intransparenz der Verhandlungen großen Sinn. Was man nicht durchschauen kann, verunsichert.

Überschriften wie »Geschützte Spezialitäten: TTIP geht Schwarzwälder Schinken an den Kragen«[175] oder »Wie TTIP die Bratwurst und andere regionale Spezialitäten bedroht«[176] sind nicht nur rhetorische Spielchen, sondern greifen eine bedeutsame Sorge auf: die Bedrohung der kulturellen Identität. Die Assoziationsketten von der Bratwurst zum Weihnachtsmarkt und zum unschuldigen Ritt auf dem Kinderkarussell sind gut geölt. Und auf einmal bedroht TTIP die unbeschwerte Kinderseele. Hierbei handelt es sich wohlgemerkt nicht um rationale Prozesse, sondern um unterbewusste Verknüpfungen.

Der NSA-Skandal hat zudem die alten Minderwertigkeitsgefühle gegenüber dem großen Bruder USA wiederaufleben lassen. Knapp 60 Prozent der in einer Forsa-Studie befragten Deutschen gehen davon aus, dass die USA erheblich mehr von TTIP profitieren als die EU.[177] Es ist ein typisch menschliches, obgleich irrationales, Verhalten, bei einem relativ geringeren Gewinn im Vergleich zum Gegenüber komplett auf das Geschäft zu verzichten, auch wenn man so am Ende vollkommen ohne Gewinn dasteht.[178]

Mit dem Chlorhühnchen wurde schließlich sehr früh in der Debatte eine psychologisch sehr wirkmächtige Ikone des Abkommens gefunden. Ein nacktes, gerupftes, totes Huhn ist ohnehin kein Anblick, der positive Empfindungen auslöst. Gepaart mit der Chemikalie »Chlor«, die in Deutschland vor allem Erinnerungen an Schwimmbäder oder aggressive Reinigungsprodukte weckt, entsteht ein – im besten Falle – irritierendes Bild vor dem geistigen Auge. Im Marketing kennt man diese Strategie als Evaluatives Konditionieren: Ein neutraler Begriff, in diesem Fall TTIP, wird mit einem negativen (oder positiven), zum Beispiel dem Chlorhühnchen, assoziiert. Dadurch überträgt sich die negative (oder positive) Einstellung auf den zunächst neutralen Begriff.

Immer wieder sind in den vergangenen Jahren Hunderttausende in deutschen Städten auf die Straßen geströmt, um gegen TTIP zu demonstrieren. Millionen Unterschriften wurden gesammelt. Es ist eine laute, eine engagierte Bewegung, die sich da in Gang gesetzt hat. Und die gefeiert wird als Hoffnungsschimmer wider die grassierende Politikverdrossenheit.[179] Zu Recht schenken ihr Medien und Öffentlichkeit deshalb Aufmerksamkeit. Problematisch dabei ist, dass es, auch für die Mitwirkenden, immer undurchschaubarer wird, wofür oder wogegen sie sich gerade einsetzen: Geht es gegen TTIP oder demonstriere ich für ein demokratischeres Europa? Habe ich Angst vor der Macht von Konzernen oder sorge ich mich um meinen in der regionalen Landwirtschaft tätigen Nachbarn, der durch TTIP seine Existenzgrundlage zu verlieren droht?

Es ist essenziell, zu differenzieren, ob Menschen grundsätzlich gegen TTIP sind oder ob sie lediglich einzelne Bestandteile mit Ablehnung oder Unsicherheit betrachten. Letztere Bürgerinnen und Bürger schließen sich im Zweifel der öffentlichen Mehrheitsmeinung an.[180] Welche Konsequenzen gehen nun damit einher? Welche Macht kann die öffentliche Meinung auf die Politik ausüben? Und inwiefern ist die öffentliche Mehrheitsmeinung ein wahres Abbild der objektiven Mehrheitsverhältnisse?

Schweigen der Befürworter

Ist es nicht auch denkbar, dass eine schweigende Mehrheit für den Freihandel steht? Was, wenn sich diese in einer Schweigespirale befindet? Um diesen Fragen auf den Grund zu gehen und mögliche Auswirkungen aufzuzeigen, ist ein Ausflug in zwei Theoriewelten notwendig.

Die in den 1970er-Jahren von der Kommunikationswissenschaftlerin Elisabeth Noelle-Neumann formulierte Theorie der Schweigespirale[181] besagt, dass das öffentliche Bekenntnis zu einer Meinung von einer wahrgenommenen Mehrheitsmeinung abhängt. Der Entstehung der Schweigespirale geht folgender Prozess voraus: Die grundlegende Annahme ist, dass Individuen, die von einem gesellschaftlichen Konsens abweichen, von gesellschaftlicher Isolation bedroht sind. Aus dieser Isolationsdrohung resultiert eine stete, vermutlich genetisch bedingte Isolationsfurcht[182], welche nicht an der Oberfläche, sondern nur im Unbewussten wahrgenommen wird. Diese Furcht ruft in der Folge einen ständigen Vergewisserungsdrang hervor. Der ist dafür verantwortlich, dass Individuen nun einzuschätzen versuchen, welche Ansichten, Meinungen und Verhaltensweisen seitens ihrer Umwelt gebilligt oder missbilligt werden, welche stärker und welche schwächer werden (Noelle-Neumann nennt das dafür »zuständige« Organ den »quasi-statistischen Sinn«). Diese Einschätzungen wiederum determinieren dann das Verhalten der Individuen.

Zu beobachten sind zwei Verhaltensweisen: Gilt die Annahme, die eigene Meinung sei kongruent mit der individuell wahrgenommenen Mehrheitsmeinung, vertritt das Individuum diese Meinung bereitwillig, vehement, offen und selbstsicher sowohl im privaten als auch insbesondere im öffentlichen Kontext. Mit anderen Worten: »Sich im Einklang mit dem Zeitgeist zu fühlen, löst die Zunge«.[183] Ist jedoch das Gegenteil der Fall und die eigene Meinung wird als abweichend von der perzipierten Mehrheits- als Minderheitsmeinung empfunden, tendiert das Individuum zum Schweigen. Durch dieses Schweigen wird der Eindruck, dass es sich hierbei um die Meinung einer Minderheit handelt, noch verstärkt.[184] Hier setzt nun der Spiralprozess ein: Die vermeintliche Mehrheitsmeinung kann sich sehr laut präsentieren, ist sehr präsent und wirkt dadurch wesentlich stärker, als sie eigentlich ist, während die Anhänger der vermeintlichen Minderheitsmeinung – aufgrund der Isolationsfurcht – verstummen. Dies führt jedoch zu einem verzerrten Bild der Realität und hierin lauert große Gefahr. Wenn die einen reden und die anderen schweigen, geht die eine Meinung irgendwann unter und die scheinbare Minderheitsmeinung kann sich in eine tatsächliche Minderheitsmeinung verwandeln.[185]

Übertragen auf die Realität ergeben die theoretischen Überlegungen folgenschwere Auswirkungen. So fühlten und fühlen sich auch die Freihandelsbefürworter von sozialer Isolation bedroht und nehmen insbesondere durch die Massenmedien wahr, dass eine Positionierung pro Freihandel eine Minderheitsposition sei. Daraus folgt, dass sie ihre Meinung immer weiter zurückhalten bis sie schließlich überhaupt nicht mehr wahrgenommen wird. Eine Analyse der Stimmungslage in den Social-Media-Kanälen bestätigt diesen Eindruck: Hier wird seit spätestens Ende 2013 kaum noch positiv über TTIP gesprochen, die ablehnenden Beiträge überwiegen deutlich.[186] Die Schweigespirale kann möglicherweise erklären, wie sich aus Negativkampagnen und Meinungsumfragen der Anschein ergibt, als ob die überwiegende Mehrheit der deutschen Bevölkerung gegen TTIP und per se gegen Freihandel sei.

Warum ist die öffentliche Meinung[187] überhaupt von Interesse? Kann es nicht eigentlich gleichgültig sein, welcher Akteur sich aus welchen Gründen für oder wider Freihandel positioniert? Niklas Luhmann gibt einen ersten Hinweis darauf, wieso das theoretische Wissen um die öffentliche Meinung und die Schweigespirale vor allem in der Praxis von so eminenter Bedeutung ist. Die öffentliche

Meinung wird als »heimlicher Souverän« verstanden und befähigt die Gesellschaft zur wirkungsvollen Interessensvertretung gegenüber einer Regierung.[188] An diesen Gedanken knüpft auch die politikwissenschaftliche Theorie des Neuen Liberalismus von Andrew Moravcsik an. Dieses Konzept rückt gesellschaftliche Akteure[189] mit unterschiedlichen Zielsetzungen, welche sie durch den Staat repräsentiert sehen möchten, als Bestimmungsfaktor für die Außenpolitik (und die Entscheidung über Freihandelsabkommen gehört zum außenpolitischen Repertoire eines Staates) ins Zentrum. Der Theorie folgend ist Außenpolitik nicht als unabhängiges Handeln eines Staates zu erklären, sondern vielmehr als eine Artikulation der außenpolitischen Interessen gesellschaftlicher Akteure als Resultat eines bottom-up-Prozesses. In diesem Prozess befinden sich im ersten Schritt die gesellschaftlichen Akteure in Konkurrenz zueinander um den Einfluss auf Regierungsentscheidungen zur Durchsetzung ihrer Partikularinteressen. Staaten folgen in ihrer außenpolitischen Präferenzbildung im zweiten Schritt nun den Interessen der dominanten Akteure, welche sich in der Konkurrenzsituation durchsetzen konnten. Als »Transmissionsriemen« dient der Staat somit den durchsetzungsfähigsten gesellschaftlichen Interessen und ist durch den eigenen Selbsterhaltungstrieb bestrebt, die herausgebildeten Interessen effizient und rational in außenpolitische Entscheidungen zu übersetzen.[190] Der Einfluss der öffentlichen Meinung auf den außenpolitischen Entscheidungsprozess einer Regierung lässt sich weiterhin mit drei Bedingungen messen. So muss die Fragestellung salient sein, das heißt, ihr muss in der Öffentlichkeit eine hohe Bedeutung und Dringlichkeit zugeschrieben werden. Zudem sind ein Konsens innerhalb der öffentlichen Meinung bezüglich der inhaltlichen Ausprägung sowie die Existenz von institutionellen Einflusschancen wie Referenden oder Parlamentswahlen für die Bevölkerung notwendig.[191]

Sind die Gedanken um die Schweigespirale und den Neuen Liberalismus bloß theoretische Spielereien oder handelt es sich hierbei auch in der Praxis um ernstzunehmende Überlegungen? Verknüpft man beide Ansätze, wird schnell deutlich, dass die Konsequenzen sehr bedeutsam für die Realität sein können und daher nicht zu unterschätzen sind. Die Ausgangsüberlegung ist, dass im Laufe der Zeit und des fortschreitenden öffentlichen Streits der Prozess der Schweigespirale einsetzte. Folglich konnte sich die Meinung der Freihandelsgegner zur beherrschenden und wahrgenommenen Meinung einer Majorität entwickeln, gleichzeitig verstummten die Unterstützer des Freihandels größtenteils. Hieraus ergibt sich im Zusammenspiel mit den Ideen des Neuen Liberalismus eine gewichtige Implikation für die Realität. Denn geht man davon aus, dass die öffentliche Meinung als wichtiger Bestimmungsfaktor für die politische Willensbildung dazu imstande ist, die deutsche Außenpolitik maßgeblich zu beeinflussen, und sich aufgrund der Schweigespirale eine eigentliche Minderheitsmeinung, welche den Freihandel ablehnt, durchgesetzt hat, dann besteht auch die große Gefahr, dass die Außenpolitik eben nach genau diesen Interessen gestaltet wird und Regierungen mithin anfangen, gegen Freihandel vorzugehen. Und die Chancen, dass sich die öffentliche Meinung im Wettstreit der Akteure durchsetzt, sind nicht gering.

So ist eindeutig erkennbar, dass der gesamte Themenkomplex »TTIP« eine enorme Bedeutungszuschreibung erfahren hatte, die aktuelle Debatte also ein hohes Maß an Salienz aufwies – hierfür ist schon ein kurzer Blick in eine beliebige Zeitung oder auf eine der zahlreichen Demonstrationen ausreichend. Die Frage nach einem inhaltlichen Konsens ist nicht eindeutig zu beantworten. Die Politikwissenschaft schlägt einen Grenzwert von 60 Prozent inhaltlicher Übereinstimmung vor, der erreicht werden muss, damit die öffentliche Meinung Einfluss ausübt.[192] Dieser mag zwar (noch) nicht erreicht sein. Es zeigt sich aber, dass die Freihandelsgegner das Prinzip verstanden haben und es sich zunutze zu machen wissen. Deshalb ist es umso wichtiger, sich entschieden pro Freihandel zu positionieren, um der verheerenden Wirkung der Spirale entgegenzuwirken. Insgesamt ist es nicht ausgeschlossen, dass die öffentliche Meinung im Umgang der Politik mit Freihandelsabkommen auch hierzulande der ausschlaggebende Faktor sein könnte. Gerade der Wahlkampf Donald Trumps hat bewiesen, dass mit protektionistischen Argumenten auch heute noch politischer Erfolg erzielt werden kann. Man mag dieses Szenario inzwischen wieder als unwahrscheinlicher einschätzen, sollte sich aber gleichzeitig vor Augen führen, dass Risiko immer ein Produkt aus

Schadensumfang und Eintrittswahrscheinlichkeit ist.[193] Das heißt, dass selbst bei äußerst niedriger Eintrittswahrscheinlichkeit politischer und ökonomischer Schaden entstünde. Deshalb ist es sinnvoll, sich dieses Risiko und die beschriebenen Prozesse vor Augen zu führen, denn »je besser man den Prozess der öffentlichen Meinung versteht, desto eher kann man auch auf diesen Prozess einwirken, durch eigene Anstrengung der Schweigespirale entgegenarbeiten«.[194]

Fazit für eine Pro-TTIP-Kampagne

Es reicht nicht, diese Prozesse nur zu kennen. Vielmehr ist es notwendig, sie sich zunutze zu machen. Hierzu ist Mut gefragt. Mut, der Isolationsfurcht zu trotzen, und Mut, aktiv für den Freihandel einzutreten. Nur so kann die Schweigespirale durchbrochen und die Deutungshoheit über die Debatte gewonnen werden. Gerade um zu zeigen, dass man sich mit einer Pro-TTIP-Meinung nicht allein auf weiter Flur befindet, braucht es wahrnehmbare und begeisternde Stimmen. Inhaltlich sollte es vor allem darum gehen, Unsicherheit zu reduzieren, denn Unsicherheit kann leicht als Angst und Ablehnung fehlgedeutet werden. Unsicherheit lässt sich dadurch abbauen, dass man sich in der Debatte nicht nur auf die Erklärung komplexer Sachverhalte konzentriert, sondern auch herausstellt, welche Vorteile die Bürger haben und wo politische Akteure im Interesse der Bürger verhandeln. Leider herrschte etwa während der TTIP-Verhandlungen ein verheerendes Defizit in der öffentlichen Debatte – und das, obwohl ein sehr großer Teil der Dokumente öffentlich einsehbar war.[195]

Schließlich ist es besonders wichtig, die unterschiedlichen Anliegen, die gerade die TTIP-Gegner sehr gern miteinander vermischen, klar voneinander zu trennen: Zum einen der Anschein unzureichender Transparenz, der mitunter auch durch eine zu geringe journalistische Begleitung des aktuellen Stands der Verhandlungen bestätigt wurde. Zum anderen das mögliche Demokratiedefizit in der Europäischen Union. Und schließlich die Forderung nach einer offenen und differenzierten Debatte über die konkreten Gegenstände des Abkommens. In einem Europa der Bürger sollte man den kritischen und sorgenvollen Stimmen zu TTIP und ähnlichen Abkommen dringend Gehör schenken, denn nur, wenn man die Ängste hört, kann man sie durch Fakten und kluge Argumentation entkräften. Fakten, die nachvollziehbar sind, und Argumente, welche die Abstraktion eines völkerrechtlichen Vertrages im persönlichen Alltag der Menschen greifbar werden lassen. Entscheidend ist es, die Diskussion aus der ideologischen Eskalation zu führen, die sie momentan so lähmt.

In der Beziehung der Deutschen zu TTIP gibt es sie, die German Angst, die Missverständnisse und das Stillschweigen. Nutzen wir die Probleme doch, um solche Verträge besser zu machen! Die German Angst kann lähmen, aber eben auch zu einer gesunden Skepsis führen. Missverständnisse können aufgelöst werden und auf Schwachstellen hinweisen. Und ein Stillschweigen schließlich kann gebrochen werden. Man muss sich nur dazu entscheiden.

Literatur

Attac, Vorsicht Falle!, unter: http://www.attac.de/ttip (15.10.2015).

Bar-Anan, Yoav/Wilson, Timothy D./Gilbert, Daniel T., The feeling of uncertainty intensifies affective reactions, in: *Emotion* 9 (2009), Nr. 1.

Bertelsmann Stiftung, TTIP – die mediale Debatte: Wer berichtet was, wann und wie? 21.04.2015, unter: http://ged-project.de/de/2015/04/21/ttip-die-mediale-debatte-wer-berichtet-was-wann-und-wie/ (10.11.2015).

Campact, 5-Minuten-Info: Handels- und Investitionsabkommen TTIP, unter: http://www.campact.de/ttip/appell/5-minuten-info/ (15.10.2015).

http://de.statista.com/statistik/daten/studie/314393/umfrage/bereitschaft-zum-kauf-von-gen-food-in-deutschland/ (10.11.2015).

http://de.statista.com/statistik/daten/studie/368728/umfrage/umfrage-zur-beurteilung-des-freihandelsabkommens-ttip-fuer-deutschland/ (10.11.2015).

http://de.statista.com/statistik/daten/studie/377253/umfrage/umfrage-in-deutschland-zu-freihandelsabkommen-zwischen-eu-und-usa/ (10.11.2015).

Deutsch, Morton/Gerard, Harold B., A study of normative and informational social influences upon individual judgment, in: *The Journal of abnormal and social Psychology* 51.3 (1955).

Deutsche haben keinen Appetit auf Chlorhühnchen, *Der Stern* 09.07.2014, unter: http://www.stern.de/wirtschaft/news/stern-umfrage-zum-freihandelsabkommen-deutsche-haben-keinen-appetit-auf-chlorhuehnchen-3941484.html (10.11.2015).

Frankenberger, Klaus-Dieter, Umfragen zum TTIP. Deutschland ist Schlusslicht, *Frankfurter Allgemeine Zeitung Online* 30.01.2015, unter: http://www.faz.net/aktuell/wirtschaft/ttip-und-freihandel/eu-umfrage-deutsche-lehnen-mehrheitlich-ttip-ab-13399065.html (15.10.2015).

Gesellschaft für Konsumforschung e.V., Würden Sie gentechnisch veränderte Lebensmittel kaufen? Kein Appetit auf Gen-Food, Juli 2014.

Graham, Thomas W., Public Opinion and U.S. Foreign Policy Decision Making, in: Deese, David A., The New Politics of American Foreign Policy, New York 1994, 190–215.

Greive, Martin, Angst vor TTIP – viele wissen aber gar nicht, warum, *Die Welt* 8.11.2015, unter: http://www.welt.de/wirtschaft/article148558469/Angst-vor-TTIP-viele-wissen-aber-gar-nicht-warum.html (10.11.2015).

Grüne Jugend, TTIP? – Nicht mit uns!, unter: http://www.gruene-jugend.de/node/26773 (15.10.2015).

Grüne Jugend, TTIP Nein danke! – Für demokratische und verantwortungsbewusste EU-Politik, unter: http://www.gruene-jugend.de/node/26717 (15.10.2015).

Ist das Freihandelsabkommen eine gute oder eine schlechte Sache für Deutschland?, in: *Der Spiegel* 17.11.2014, 76.

Kafsack, Hendrik, Kaum jemand liest die TTIP-Dokumente, in: Frankfurter Allgemeine Zeitung 16.04.2015, unter: http://www.faz.net/aktuell/wirtschaft/ttip-und-freihandel/kaum-jemand-liest-die-ttip-dokumente-13542243.html (10.11.2015).

Luhmann, Niklas, Die Politik der Gesellschaft, Frankfurt a. M. 2000.

Mey, Holger H., Deutsche Sicherheitspolitik 2030, Frankfurt a. M. 2001.

Moravcsik, Andrew, Taking Preferences Seriously. A Liberal Theory of International Politics, in: *International Organization* 51 (1997), 4, 513–553.

Noelle-Neumann, Elisabeth, Öffentliche Meinung. Die Entdeckung der Schweigespirale, Frankfurt a. M./Berlin 4. Aufl. 1996.

Noelle-Neumann, Elisabeth, Öffentliche Meinung, in: Noelle-Neumann, Elisabeth u.a., Fischer Lexikon Publizistik Massenkommunikation, Frankfurt a. M. 2. Aufl. 2003.

Nowak, Martin A./Page, Karen M./Sigmund, Karl, Fairness versus reason in the ultimatum game, in: *Science* 289 (2000), 1773–1775.

Oppermann, Kai/Höse, Alexander, Die öffentliche Meinung als Katalysator für transatlantische Kooperation und Konflikte, in: Jäger, Thomas u. a., Transatlantische Beziehungen. Sicherheit – Wirtschaft – Öffentlichkeit, Wiesbaden 2005, 375–396.

Sarcinelli, Ulrich, Öffentliche Meinung, in: Andersen, Uwe/Woyke, Wichard, Handwörterbuch des politischen Systems der Bundesrepublik Deutschland, Opladen 2003, 439–446.

Schieder, Siegfried, Neuer Liberalismus, in: Schieder, Siegfried/Spindler, Manuela, Theorien der Internationalen Beziehungen, Opladen 2003, 169–198.

Sind Sie für oder gegen den Vorschlag eines Freihandels- und Investitionsabkommens zwischen der EU und den USA?, in: Standard Eurobarometer 83 (Juli 2015).

TTIP geht Schwarzwälder Schinken an den Kragen, *WirtschaftsWoche* 04.01.2015, http://www.wiwo.de/politik/deutschland/geschuetzte-spezialitaeten-ttip-geht-schwarzwaelder-schinken-an-den-kragen/11182090.html (10.11.2015).

Wie TTIP die Bratwurst und andere regionale Produkte bedroht, in: *Hamburger Abendblatt* 05.01.2015, http://www.abendblatt.de/wirtschaft/article136039053/Wie-TTIP-die-Bratwurst-und-andere-regionale-Produkte-bedroht.html (10.11.2015).

MATTHIAS BAUER

Die Natter an der eigenen Brust – Wie sich Freihandelsgegner finanzieren

Impulsiver und kompromissloser als je zuvor versucht eine kleine Anzahl von Nichtregierungsorganisationen (NGOs), die öffentliche Meinung zu Fragen der Globalisierung zu steuern. Vor allem in Deutschland und Österreich haben globalisierungskritische NGOs und ihnen nahestehende Umweltschutzorganisationen seit 2013 den Kampf gegen den Freihandel ausgerufen. Auf Kosten der geplanten Handels- und Investitionsabkommen der EU mit den USA und Kanada (TTIP und CETA) führen supervernetzte Aktivisten einen ideologischen Stellvertreterkrieg gegen multinationale Konzerne, nationale Regierungen und die Europäische Union.

Weniger bekannt ist, dass der federführende Kern der Anti-TTIP- und Anti-CETA-NGOs von staatlichen Institutionen seit 2013 mit mehreren Millionen Euro aus Steuermitteln finanziert wurde, etwa vom Bundesumweltministerium und der Entwicklungshilfe-Abteilung der Europäischen Kommission. Auffallend ist auch, wie ein Blick in ihre Vitae zeigt, dass die Wortführer der Kampagnenorganisationen beruflich fast ausnahmslos in politischen Parteien, staatlichen Institutionen, kirchlichen Organisationen, Gewerkschaften oder NGOs sozialisiert wurden. Allein dieser Fakt bedürfte einer eingehenderen kritischen Analyse, die in diesem Artikel nicht mit der erforderlichen Sorgfalt geleistet werden kann. Bei den Institutionen handelt es sich fast ausschließlich um Institutionen, die nur von oder mit staatlicher Intervention »gut leben« können.

Umfragen zeigen, dass die Zustimmung zu TTIP und CETA mit dem Aufkommen der Anti-TTIP-Bewegung in einigen Ländern Europas, insbesondere aber in Deutschland und Österreich im Zuge der vor allem im Internet geführten Kampagnen deutlich gekippt ist. Mit der Amtseinführung des neuen US-Präsidenten Donald Trump hat man TTIP nun zunächst ganz offiziell »auf Eis« gelegt. Das Handelsabkommen CETA wurde letztlich noch vom Europäischen Rat und auch vom Europäischen Parlament ratifiziert, muss aber noch viele nationale Hürden nehmen, auf die sich viele NGOs gegenwärtig einschießen.

Die Deutungshoheit über TTIP und später CETA in Politik und Medien war seit 2013 vor allem in Deutschland und Österreich extrem einseitig auf Seiten der Gegner. Zu diesem Ergebnis kommt eine von mir verantwortete Studie des Think-Tanks »European Centre for International Political Economy« (ECIPE) unter dem Titel »Manufacturing Discontent: The Rise to Power of Anti-TTIP Groups«. Die Studie fußt auf einem bisher einzigartigen, umfassenden Datensatz, der mehr als 1500 TTIP-Veranstaltungen in Deutschland und zahlreiche Auswertungen verschiedener Online-Medien umfasst.

Die Rolle von Grünen und Linken

Einige Parteien der politischen Opposition in Deutschland haben die Diskussion über offene Märkte zur rigorosen politischen Profilbildung erschlossen – andere hingegen nicht. Die Wahlstände und Schaufenster von Grünen und Linken schmücken sich dieser Tage mit unübersehbaren »Stopp-CETA«- und »Stopp-TTIP«-Slogans. Wurde in den vergangenen drei Jahren in Deutschland nach »TTIP« gegoogelt, landeten interessierte Schüler und verunsicherte Bürger automatisch auf einem von den Grünen bezahlten Link zum TTIP-Informationsportal »Die Grüne Position zu TTIP, CETA« – platziert an oberster Stelle in den Suchergebnissen, gefolgt von kommerzieller TTIP-Werbung des Umweltinstituts München und den Kampagnen-NGOs Foodwatch und Greenpeace.

Es deutet sich bereits an, dass der anstehende Bundestagwahlkampf von Grünen und Linken auch auf deutliche Positionen gegen

Freihandelsabkommen ausgerichtet sein wird. Gemeinsam haben beide Parteien, deren politische Stiftungen (Heinrich-Böll-Stiftung und Rosa-Luxemburg-Stiftung), Gewerkschaften und befreundete Kampagnen-NGOs in den vergangenen drei Jahren bereits mehrere Millionen Euro in offensiv geführte Kampagnen gegen TTIP und CETA investiert. Deren Slogans und Positionen richteten sich im Kern gegen zeitgemäße Regeln für grenzüberschreitendes wirtschaftliches und staatliches Handeln – denn darum geht es bei CETA und TTIP, gerade auch vor dem Hintergrund drängender internationaler Herausforderungen.

NGO-Netzwerk gegen Freihandel

»TTIP tötet!« »Stopp(t) TTIP!« »TTIP ist eine Attacke auf unsere Demokratie!« und »Tango gegen TTIP!« – Die Slogans der Kampagnenmacher sind nicht nur kreativ. Sie sind vor allem manipulativ. Sie aktivieren bei Hörern und Lesern beständig moralisch negativ besetzte Denkmuster. Die für die Kampagnen entwickelten Banner und Positionspapiere zielten entsprechend nicht darauf ab, Menschen ausgewogen und faktenorientiert zu informieren. Sie sollten vor allem wenig informierten Bürgern ein negatives Verständnis von TTIP vermitteln. Dafür belegten die Kampagnenmanager selektiv ausgewählte Fakten mit Werten und Moralvorstellungen, die über verschiedene politische Lager hinweg gemeinhin als anstößig und ablehnenswert gelten.

Dabei profitieren die Kampagneninitiatoren von lange etablierten Netzwerken, zu denen verschiedene umweltpolitische Organisationen, Gewerkschaften und kirchliche Organisationen zählen. Diese wiederum, um politische Profilbildung, Spenden und Mitgliedsbeiträge bemüht, beteiligen sich an den Protestaktionen, indem sie beispielsweise die eigenen Mitglieder über E-Mail-Newsletter auffordern, Online-Petitionen leichtgläubig zu »unterzeichnen«. Sie suggerieren dabei nach außen häufig ein »Wir« und damit bewusst die Botschaft, die Meinungsführerschaft zu haben.

Die deutschen Kampagnenorganisationen besetzten im Kampf gegen TTIP vor allem die Kommunikationskanäle des Internets. Das Online-Suchinteresse zu »TTIP« war zwischen Januar 2013 und Juni 2016 in Deutschland 40 Mal höher als in den USA und 15 Mal höher als in Frankreich. Warum? Nicht etwa, weil die Deutschen sachkundiger oder gemeinhin klüger sind als ihre europäischen Nachbarn. Tatsächlich wurden die deutschen Bürger – vermutlich vor allem die an Wirtschaftspolitik wenig interessierten, wenig informierten – seit Beginn der TTIP-Verhandlungen im Jahr 2013 unbewusst Opfer einer professionell orchestrierten Desinformationskampagne gegen TTIP, ursprünglich initiiert von einem schon länger bestehenden Netzwerk aus Attac Deutschland, dem Forum Umwelt und Entwicklung, der Kampagnenorganisation Campact und verschiedenen christlichen und umweltpolitisch motivierten Organisationen.

Öffentliche Dominanz der Anti-Freihandelskampagne

Die Protestaktionen gegen TTIP und später CETA wurden von Anfang an auch von den politischen Parteien Die Linke und, nach der für sie enttäuschenden Bundestagswahl im Jahr 2013, Die Grünen aktiv unterstützt. Die Anti-TTIP- und Anti-CETA-Kampagnen fanden darüber hinaus einflussreiche Wortführer innerhalb der Parlamentarischen Linken und selbst innerhalb der Parteispitze der SPD. Die Positionen der organisierten TTIP-Gegner dominierten nicht zuletzt aufgrund ihrer »geschlossenen Reihen« lange Zeit über 90 Prozent der Online-Medienberichterstattung über TTIP. In der Folge ist die Aversion der Bürger gegenüber TTIP in den (besonders exportstarken) Ländern Deutschland und Österreich deutlich angestiegen, während die Menschen in den meisten anderen (exportschwächeren) Ländern Europas CETA und TTIP weiterhin begrüßen und für sich eher neue wirtschaftliche Chancen darin erkennen.

Damit nicht genug. Grüne, Linke und erklärte Anti-TTIP-Bündnisorganisationen bestimmten die Themen und Positionen in 60 Prozent aller TTIP-Informationsveranstaltungen, die zwischen Februar 2015 und Februar 2016 »offline« in deutschen Vereinssälen, Gemeinderäumen und Volkshochschulen abgehalten wurden. Diese Zahl steigt gar auf über 75 Prozent unter Einbeziehung von Politikern der SPD. Die deutschen Sozialdemokraten unterstützten die Protest-Bündnisse zwar nicht offiziell. Prominente »TTIP-Experten« der SPD zeigten allerdings eine unverkennbar ablehnende Haltung gegenüber den geplanten Freihandelsabkommen der EU sowohl mit Kanada als auch den USA.

Die Daten der ECIPE-Studie zeigen zudem: 46 Prozent aller auf den TTIP-Veranstaltungen aufgetretenen (selbsternannten) TTIP-Experten sind Vertreter erklärter Anti-TTIP-Bündnisorganisationen, die in den beiden Netzwerken »TTIPunfairhandelbar« und »Stop TTIP« organisiert sind. Zum Vergleich: Vertreter aus Unternehmen und Unternehmensverbänden kommen auf 22 Prozent, Vertreter von politischen Parteien, die den Bündnisorganisationen nicht offiziell angehören, auf 23 Prozent.

Ein Blick auf die Top-50-Meinungsmacher suggeriert zudem ein extremes Ungleichgewicht zwischen den politischen Parteien einerseits und den diesen Parteien nahestehenden Organisationen andererseits: Unter den Top-50-Meinungsmachern in Deutschland finden sich elf Politiker der Grünen, zehn Vertreter von den Grünen nahestehenden NGOs, acht Politiker der SPD, sechs Politiker der Linken, sieben Vertreter von Gewerkschaften, sechs Vertreter von kirchlichen Organisationen, zwei Politiker der CDU und ein Politiker der FDP. 37 der Top-50-Redner sind erklärte TTIP-Gegner.

Ökonomische Interessen hinter der Kampagne

Viele Mitgliedsorganisationen der Anti-TTIP-Bündnisse »TTIPunfairhandelbar« und »Stop TTIP« teilen verschiedene ideologische Standpunkte. Einige agieren lediglich als Trittbrettfahrer. Letzteren ist gemein, dass sie von spezifischen – in der Regel wirtschaftlichen – Interessen geleitet sind und entgegen vielen offiziellen Verlautbarungen gerade nicht im Gemeinwohlinteresse handeln. Bei vielen Protestorganisationen geht es im Kern um Macht – wirtschaftliche Macht, die sie durch bessere Anbieter sowohl aus dem Inland als auch aus dem Ausland in Gefahr sehen. Gerade bei einigen augenfällig protektionistisch auftretenden Wirtschaftsinteressenverbänden, die sich dem Anti-TTIP-Bündnis angeschlossen haben, wird dies deutlich.

Der Deutsche Kulturrat etwa, der die Interessen der deutschen Kulturwirtschaft vertritt, spricht sich implizit gegen einen Wettbewerb der kulturellen Vielfalt und gegen innovative Kulturangebote ausländischer Kulturschaffender aus. Unter dem Deckmantel von Demokratie und öffentlicher Daseinsfürsorge verteidigt er enorme Subventionsprivilegien, die es so wie in Deutschland in anderen Ländern nicht gibt. Politisch bestens vernetzte landwirtschaftliche Interessenverbände kämpfen entgegen den Interessen der Verbraucher gegen die Öffnung einer von der EU und von den Mitgliedstaaten geschützten, hoch subventionierten Landwirtschaft für Landwirte aus dem Ausland.

Kirchliche Institutionen heben den moralischen Zeigefinger und verteidigen ihre Pfründe im Geschäft um die »regionale Daseinsfürsorge«, sprich: Krankenhäuser, Pflegedienste etc. Hier sind kirchliche Organisationen nicht selten marktdominierende Akteure und in vielen Regionen tonangebend gegenüber der Politik. Hinzu kommen Gewerkschaften, die auf der Suche nach neuen Themen sind, etwa der DGB und einige machtbewusste Spartengewerkschaften, allen voran die Gewerkschaft Erziehung und Wissenschaft (GEW).

Finanzstarke Netzwerke bis in die EU-Politik

Langjährige persönliche Kontakte und etablierte NGO-Netzwerke entfalteten eine enorme gesellschaftspolitische Schlagkraft. Das in Berlin ansässige, politisch den Grünen nahestehende Forum Umwelt und Entwicklung (FuE) rief mit der Kampagne »TTIPunfairhandelbar« pauschal zum Stopp der TTIP-Verhandlungen und zu damit verbundenen Massenprotesten auf. Die Mitgliedsorganisationen des FuE, z. B. der Bund für Umwelt- und Naturschutz (BUND), der Deutsche Naturschutzring, die Arbeitsgemeinschaft bäuerliche Landwirtschaft und das Hilfswerk der evangelischen Kirchen, Brot für die Welt, entfalteten die notwendige Multiplikator-Wirkung, indem sie eigene Mitglieder und Mitgliedsorganisationen explizit zur Pauschalverurteilung der TTIP-Verhandlungen anleiteten. Darüber hinaus wurde der Protest über verschiedene europäische Partnerorganisationen wie die EU-Ländersektionen von Attac und Friends of the Earth Europe (BUND) in andere europäische Länder getragen.

Das Forum Umwelt und Entwicklung möchte die Deutungshoheit darüber, was Deutsche und Europäer über TTIP zu denken haben. Es ist Träger der offiziellen Koordinierungsstelle des größten deutschen Anti-TTIP-Kampagnennetzwerks »TTIPunfairhandelbar« und die zentrale Koordinierungsstelle der »selbst-organisierten« Europäischen Bürgerinitiative »Stop TTIP«. Die Koordinierungsstelle »TTIPunfairhandelbar« wurde gemäß dem Leistungsbericht des Deutschen Naturschutzrings von 2013 direkt durch das Bundesumweltministerium finanziert, was unmittelbar Fragen nach wirtschaftlichen und politischen Abhängigkeitsverhältnissen aufwirft, zumal auch Mitgliedsorganisationen des Forums Umwelt und Entwicklung insgesamt jährlich Millionen Euro an Steuergeldern vereinnahmen.

Bei der Kampagnen-Organisation Campact, die 2004 von Attac-Mitgliedern gegründet wurde, entwickelte sich das Thema TTIP zur Millionen-Spendenmaschine. Vereinnahmte finanzielle Mittel wurden großzügig auch an befreundete Organisationen weitergereicht. Campact überwies nicht nur mehr als 250.000 Euro an den Verein Naturfreunde e.V. zur Finanzierung von medienwirksamen Anti-TTIP-Demonstrationen in Berlin. Die deutsche Organisation Campact finanzierte 2015 mit Kalkül auch »Infrastruktur für politische Bildung« bei Protestkampagnen-Organisationen in anderen europäischen Ländern:

- Schweden (Stiftet, 70.000 EUR, Kampagne TTIP/CETA),
- Polen (Fundacja Akcja Demokracja: 25.000 EUR, Organisationsaufbau),
- Italien (Progressi: 50.000 EUR, Organisationsaufbau),
- Irland (Uplift: 50.000 EUR, Kampagne TTIP/CETA)
- Österreich (Aufstehn: 25.000 EUR).

Darüber hinaus wurde ActionStation in Neuseeland für den Aufbau einer Kampagne gegen TPP, das Transpazifische Handelsabkommen, mit 50.000 EUR unterstützt. Ein Beitrag in Höhe von 41.069 EUR wurde an die Organisation GetUp Ltd. in Australien geleistet.

Das von den deutschen Wortführern oft vorgetragene Sprichwort »Dem Geld gehorcht alles« bekommt vor diesem Hintergrund einen ganz anderen Geschmack. Und mit Blick auf die Aufrechterhaltung von Spendenzuflüssen gilt gleichwohl der Unternehmerspruch: Man muss Geld ausgeben, um Geld zu verdienen.

EU-Kommission finanziert NGOs

Die Rolle der Europäischen Kommission ist besonders undurchsichtig. Die EU-Kommission dürfte den meisten Beobachtern der TTIP-Verhandlungen lediglich als Verhandlungsführer bei den EU-Freihandelsabkommen und in gewisser Hinsicht auch als Opfer der Anti-TTIP-Kampagnen bekannt sein. Weniger bekannt ist, dass Teile der Europäischen Kommission die TTIP-Verhandlungen offensichtlich mit Kalkül bereits seit 2013 durch den Aufbau einer breit angelegten, steuergeldfinanzierten NGO-Gegenbewegung unterminierten.

Allen voran die Generaldirektion Entwicklungspolitik der EU-Kommission finanzierte über das niederländische Transnational Institute (TNI) bereits im Jahr 2013 das europäische Kernbündnis erklärter Anti-TTIP-NGOs, das maßgeblich von deutschen Organisationen gesteuert wurde. TNI-Vorstand Susan George, ehemalige Greenpeace-Funktionärin und Ehrenpräsidentin von Attac Frankreich (und Autorin des Buches »How to Win a Class War«), hat auf einer Anti-TTIP-Stakeholder-Konferenz im Europäischen Parlament im Dezember 2014 über das Abkommen gesagt: »TTIP ist ein sehr gefährliches Tier, ein Tier, dass es nicht verdient, in die Liste der bedrohten Tierarten aufgenommen zu werden. Es muss gestoppt werden. Absolut und vollständig.« Insgesamt sind über verschiedene Kanäle seit 2013 etwa drei Millionen Euro europäischen Steuergeldes von der Europäischen Kommission an das TNI geflossen, wovon Mittel an verschiedene Sub-NGOs fließen. Im Transparenzregister der EU-Kommission findet man dazu keine Details.

Besonders brisant ist zudem: Bereits im Jahr 2013 wurde zwischen der Europäischen Kommission und dem TNI explizit vereinbart, dass drei Millionen europäische Bürger, 100 EU-Parlamentarier, 200 Kandidaten für das Europäische Parlament, 600 NGOs und 2.000 Studenten formell für das Thema europäische Investitionspolitik sensibilisiert und für Internetkampagnen gewonnen werden sollten. Die vom TNI finanzierten Partner-NGOs bilden heute den harten Kern des europäischen Anti-TTIP-Bündnisses, das in Fundamentalopposition zu den TTIP-Verhandlungen steht. Nach Angaben der Europäischen Kommission ist eine Evaluierung des Projektes nicht vorgesehen.

Europaweiter Einfluss deutscher NGOs

Entgegen der in den Medien oft zitierten Behauptung, die »selbst-organisierte europäische Bürgerinitiative gegen TTIP« sei basisdemokratisch legitimiert, wurde die Initiative maßgeblich von deutschen Anti-TTIP-Gruppen gesteuert und kontrolliert. Mehr als ein Viertel der Unterstützerorganisationen der europäischen Initiative gegen TTIP haben ihren Sitz in Deutschland. 48 Prozent derjenigen, die mit ihrer Unterschrift die Initiative (online) offiziell unterstützen, sind Deutsche. Anders ausgedrückt: Von den 3,3 Millionen Unterschriften für die Initiative kamen 1,57 Millionen Unterschriften ausschließlich aus Deutschland. Zum Vergleich: Deutsche haben in etwa einen Anteil von 15 Prozent an der Gesamtbevölkerung der EU. Die politische Stiftung der Linken, die Rosa-Luxemburg-Stiftung, organisierte in vielen europäischen Ländern mit deutschem Steuerzahlergeld Schulungsworkshops für Anti-TTIP- und Anti-CETA-Aktivisten. Das ist den wenigsten bekannt. Die von den deutschen Kampagnen-Gruppen »selbst-organisierte« europäische Bürgerinitiative gegen TTIP wird von diesen hingegen immer wieder als »objektiver Beweis« für einen breiten europäischen Protest politisch instrumentalisiert.

Die gebetsmühlenartig wiedergekäute Behauptung der Kampagnenführer, die Initiative gegen TTIP sei basisdemokratisch legitimiert, erscheint vor dem Hintergrund der Dominanz der de facto federführenden deutschen Interessengruppen befremdlich. Die Hälfte der Unterzeichner waren Deutsche. Die Strippenzieher sitzen in Berlin. Sie möchten auch den europäischen Nachbarn deutsche Worte in den Mund legen. Und sie verkaufen der

Öffentlichkeit die von ihnen gesteuerte europäische Bewegung als basisdemokratisches Paradebeispiel. Eine Ohrfeige für die Demokratie(n) in Europa?

Freihandelsbefürworter müssen aktiv werden!

Deutschland braucht eine verstärkte Debatte über Freihandelsabkommen. Schließlich handelt es sich dabei um Verträge über eine Ordnung von Wirtschaft und Wettbewerb – eine Ordnung, die neben Ideen und unternehmerischem Denken den Wohlstand und Frieden in Deutschland und anderen Ländern begründet, Steuereinnahmen sichert, die Durchführung öffentlicher Aufgaben ermöglicht und das Fundament für offene und pluralistische Gesellschaften bildet. Entgegen den oft aggressiv vorgetragenen Behauptungen der Gegner von CETA und TTIP gibt es in Deutschland bislang keine breite und ausgewogene gesellschaftliche Debatte über die Rechte und Pflichten, die aus Freihandelsabkommen erwachsen. Darüber hinaus wird von den Kampagnenmachern verschwiegen, dass wirtschaftliche Abschottung und Protektionismus mit schlechter Regierungsführung, Korruption, ethnischen Spannungen und wirtschaftlicher Unterentwicklung, nicht selten weit verbreiteter Armut, positiv korrelieren.

Durch die von vielen politischen Akteuren – aber auch Akteuren der Privatwirtschaft – so unbedarft hingenommene Deutungshoheit der Anti-Freihandelsnetzwerke entstand und verfestigte sich innerhalb der breiten deutschen Öffentlichkeit der Eindruck, CETA und TTIP würden vor allem Nachteile für Wirtschaft und Gesellschaft bringen. Vorgetragen, politisch unterstützt und (staatlich) finanziert wurden die damit verbundenen Kampagnen vor allem von politisch oder wirtschaftlich motivierten Organisationen, die von staatlicher Reglementierung abhängig sind oder von mehr staatlicher Intervention – vor allem auch in Form von finanzieller Alimentierung – profitieren würden. Dies betrifft vor allem diejenigen »Nicht«-Regierungsorganisationen, die faktisch als Sprachrohr eines politischen Establishments aus Regierungs- und Oppositionskreisen fungieren und davon gut leben können.

Viele Unternehmen und Wirtschaftsverbände scheuen sich heute vor allem aus Furcht vor Reputationsverlust vor einer deutlichen Positionierung für den Freihandel. Für diejenigen Unternehmen aus Handwerk und Mittelstand, die nicht direkt von Exporten abhängig sind, erscheint es aus Angst vor Reputationsverlust in einer vergifteten, emotional aufgeladenen Debatte sogar ökonomisch-rational, sich gegen – zumindest nicht für – die Handelsabkommen mit Kanada und den USA auszusprechen. Nicht zuletzt deshalb halten die Kampagnenführer der Anti-TTIP-Protestorganisationen die Debattenzügel nach wie vor fest in der Hand.

Wenn sich die hochgradige Asymmetrie innerhalb der Diskussionen um CETA und TTIP und die Wirkungsmacht der von den Kampagnenorganisationen vorgetragenen Metaphern in die Zukunft fortschreibt, verändert sich in der Bundesrepublik über kurz oder lang nicht nur die Einstellung zur Globalisierung. Auch das Modell der Sozialen Marktwirtschaft, welches konstituierend auf einem funktionierenden Wettbewerb mit freier Preisbildung, offenen Märkten und einem schlanken, aber starken Staat basiert, würde schleichend an Akzeptanz verlieren. Deshalb müssen sich die Befürworter von Freihandel und pluralistischen Gesellschaften endlich offensiver zu Wort melden.

Dieser Artikel erschien zuerst bei Novo Argumente Nr. 123-1/2017.

Endnoten

1 Vgl. O'Rourke, Kevin/Williamson, Jeffrey, Globalization and History. The Evolution of a Nineteenth-Century Atlantic Economy, Cambridge 1999.

2 Robert Peel (1788–1850), konservativer Premierminister Großbritanniens 1834–35 und 1841–46, setzte 1846 gegen den Willen seiner eigenen Partei in Zusammenarbeit mit gemäßigten und radikalen Liberalen die Abschaffung der Getreidezölle durch.

3 Charles Pelham Villiers (1802–1898), liberales Mitglied des britischen Unterhauses 1835–1898, Weggefährte von Richard Cobden und John Bright im Kampf gegen die Getreidezölle; kämpfte auch für die Abschaffung der Sklaverei.

4 Gömmel Rainer/Klump, Rainer: Merkantilisten und Physiokraten in Frankreich. Darmstadt 1994.

5 Smith, Adam/Recktenwald, Horst Claus.: Der Wohlstand der Nationen: eine Untersuchung seiner Natur und seiner Ursachen. München 2003, 559.

6 Ebd., 9.

7 Ebd., 17.

8 Ebd., 368.

9 Ebd., 385.

10 Ricardo, David: The Principles of Political Economy and Taxation, 1817, 90.

11 Ebd., 89.

12 Krugman, Paul R./Maurice Obstfeld: Internationale Wirtschaft: Theorie und Politik der Außenwirtschaft. München 2009, 150.

13 Ebd., 151.

14 Ebd., 174.

15 World Trade Organization: Statistics Database, 2017 und The World Bank: World Development Indicators, 2017. Für eine weiterführende Diskussion bezüglich des Zusammenhangs zwischen Handel und Wachstum sei beispielsweise auf Helpman, Elhanan, The Mystery of Economic Growth, Cambridge 2004, Kapitel 5 verwiesen.

16 Siehe auch World Trade Organization, World Trade Report 2016, Levelling the trading field for SMEs, 2016.

17 Zitiert in: Irwin, Douglas, Free Trade under Fire, Princeton 4. Aufl. 2015, 253.

18 Zur Abgrenzung der Begrifflichkeiten siehe beispielsweise Suranovic, Steve, International Trade. Theory and Policy, Boston 2010, 578–580.

19 Eine gute Übersicht und weiterführende Informationen zu diesen Themen können abgerufen werden unter: World Trade Organization, Regional Trade Agreements, 2017.

20 Baldwin, Richard/Thornton, Philip, Multilateralising Regionalism. Ideas for a WTO Action Plan on Regionalism, London 2008, 1–3.

21 The World Bank, Global Preferential Trade Agreements Database, 2017.

22 World Trade Organization, Principles of the trading system, 2017.

23 Siehe z. B. Yilmazkuday, Demet/Yilmazkuday, Hakan: Bilateral versus Multilateral Free Trade Agreements: A Welfare Analysis, in: *Review of International Economics*, 2014, Jg. 22 (3), und Suranovic, International Trade: Theory and Policy, Kapitel 9.

24 World Trade Organization, Members and Observers, 2016.

25 World Trade Organization, Understanding the WTO, What we do, 2017 und Irwin, Free Trade Under Fire, 243–247.

26 Bhagwati, Jagdish/Krishna, Pravin/Panagariya, Arvind, The World Trade System. Trends and Challenges, Working Paper, Columbia University, New York City, 03.05.2014, 4–6.

27 Baldwin, Richard, Multilateralising 21st Century Regionalism, Conference Paper, OECD, 11.–12. Februar 2014, Paris, 10–11.

28 Zur vertieften Lektüre bezüglich des aktuellen Standes der Doha-Verhandlungen sei auf die Internetseite der WTO verwiesen: The Doha Round, 2017.

29 In diesem Zusammenhang sei darauf hingewiesen, dass in den letzten Jahren vor allem in Ländern wie China die Subventionen für landwirtschaftliche Produkte sehr stark angestiegen sind. Dieser Umstand macht erfolgreiche WTO-Verhandlungen zu diesem wichtigen Wirtschaftssektor noch unwahrscheinlicher. Siehe Wolfe, Robert, First Diagnose, Then Treat. What Ails the Doha Round?, in: *World Trade Review*, 14(1), Januar 2015, 7–28, 10–11.

30 Bhagwati/Krishna/Panagariya, The World Trade System, 16–18.

31 Irwin, Free Trade Under Fire, 259–263, und World Trade Organization, World Trade Report 2015, Speeding up trade: benefits and challenges of implementing the WTO Trade Facilitation Agreement, 2015, 108.

32 Higgott, Securing the global trade regime: The demand for global governance, in: Lehmann, Fabrice/Lehmann, Jean-Pierre, Peace and Prosperity through World Trade. Achieving the 2019 Vision, Cambridge, 2010, 73–75.

33 Wolfe, First Diagnose, Then Treat. What Ails the Doha Round?, 12.

34 Swift, Art, In US, Record-High 72% See Foreign Trade as Opportunity, Gallup, 16.02.2016.

35 Losse, Bert, Zustimmung der Deutschen zu Freihandel und EU steigt, in: *WirtschaftsWoche*, 24.06.2017.

36 European Commission, Public Opinion, *Eurobarometer Interactive*, 11/2016.

37 Baschuk, Bryce, Will Trump Turn His Trade Guns on the WTO?: QuickTake Q&A, Bloomberg 25.05.2017.

38 Pabst, Volker, China testet Indien im Himalaja, in: *Neue Zürcher Zeitung*, 07.07.2017.

39 Higgott, Richard, Securing the global trade regime: The demand for global governance, in: Lehmann, Fabrice/Lehmann, Jean-Pierre, Peace and Prosperity through World Trade. Achieving the 2019 Vision, Cambridge,2010.

40 Informationen zu den aktuellen Entwicklungen hinsichtlich der Regionalen Handelsabkommen TPP und TTIP können beispielsweise bei den offiziellen Webseiten der neuseeländischen Regierung, https://www.tpp.mfat.govt.nz/, beziehungsweise der EU, http://ec.europa.eu/trade/policy/in-focus/ttip/index_de.htm, abgerufen werden.

41 Irwin, Free Trade Under Fire, 282–294.

42 Maggi, Giovanni, International Trade Agreements, in: Gopinath, Gita/Helpman, Elhanan/Rogoff, Kenneth, Handbook of International Economics, Amsterdam 4. Aufl. 2014, 317–390, 369–371.

43 Bhagwati/Krishna/Panagariya, The World Trade System, 13–14, und Panagariya, Arvind, Challenges to the Multilateral Trading System and Possible Responses, Economics Discussion Papers, 2013-3, Institut für Weltwirtschaft, Kiel 2013.

44 Schott, Jeffrey J., The future of the multilateral trading system in a multi-polar world, Discussion Paper, Deutsches Institut für Entwicklungspolitik, Bonn 2008, 8–9.

45 Baldwin, Multilateralising 21st Century Regionalism, 17.

46 Bhagwati, Jagdish, Threats to the World Trading System. Income Distribution and the Selfish Hegemon, in: *Journal of International Affairs* 1994, zitiert in: Bhagwati/Krishna/Panagariya, The World Trade System, 13.

47 Bhagwati/Krishna/Panagariya, The World Trade System, 2–3.

48 The World Bank, World Development Indicators.

49 Wolfe, First Diagnose, Then Treat, 25–26, und Irwin, Free Trade Under Fire, 263–269.

50 Liu, Xuepeng, Trade Agreements and Economic Growth, Working Paper, Kennesaw State University, 10.01.2015.

51 Büge, Max, Do Preferential Trade Agreements Increase Their Members' Foreign Direct Investment?, Discussion Paper, Deutsches Institut für Entwicklungspolitik, Bonn 2014.

52 Hayakawa, Kazunobu/Kimura, Fukunari/Nabeshima, Kaoru, Nonconventional Provisions in: Regional Trade Agreements. Do They Enhance International Trade?, in: *Journal of Applied Economics*, Jg. 17(1), Mai 2014, 113–138.

53 Urata, Shujiro/Okabe, Misa, Trade Creation and Diversion Effects of Regional Trade Agreements. A Product-level Analysis, in: *The World Economy*, Jg. 37(2), Februar 2014, 267–289.

54 Maggi, Giovanni, International Trade Agreements, 372–375.

55 World Trade Organization, World Trade Report 2011, The WTO and preferential trade agreements. From co-existence to coherence, 2011, 64.

56 Ebd., 85–86.

57 Bhagwati/Krishna/Panagariya, The World Trade System, 12.

58 Carpenter, Theresa/Lendle, Andreas, How Preferential is World Trade?, Working Paper CTEI-2010-32, Centre for Trade and Economic Integration, Genf 2010.

59 Limão, Nuno, Preferential Trade Agreements as Stumbling Blocks for Multilateral Trade Liberalization. Evidence for the United States, American Economic Review, 2006, Jg. 96(3), 896–914, und Karacaovali, Baybars/Limão, Nuno, The clash of liberalizations. Preferential vs. multilateral trade liberalization in the European Union, Journal of International Economics, 2008, Jg. 74(2), 299–327.

60 Irwin, Free Trade Under Fire, 286.

61 Büge, Do Preferential Trade Agreements Increase Their Members' Foreign Direct Investment?, 2–3.

62 Schott, The future of the multilateral trading system in a multi-polar world, 10.

63 Krishna, Pravin, Preferential Trade Agreements and the World Trade System. A Multilateral View, in: Feenstra, Robert/Taylor, Alan, Globalization in an Age of Crisis.

Multilateral Economic Cooperation in the Twenty-First Century, Chicago 2014, 131–164, 137.

64 Bhagwati/Krishna/Panagariya, The World Trade System, 13.

65 Ebd., 20–21.

66 Marlow, Iain, Why India Could Be The Winner of a U.S.-China Trade War, Bloomberg, 06.04.2017.

67 Suranovic, Steve, International Trade. Theory and Policy, 578–591.

68 Baldwin/Thornton, Multilateralising Regionalism, 5–6.

69 Irwin, Free Trade Under Fire, 284–285.

70 Schott, The future of the multilateral trading system in a multi-polar world, 9–10.

71 Krishna, Preferential Trade Agreements and the World Trade System, 141–143.

72 Chang, Won/Winters, Alan, How Regional Trade Blocs Affect Excluded Countries. The Price Effects of MERCOSUR, in: The American Economic Review, Jg. 92(4), 2002, 889–904.

73 European Commission, Mercosur, 19.07.2017.

74 Yilmazkuday/Yilmazkuday, Bilateral versus Multilateral Free Trade Agreements, 526–527.

75 Baldwin/Thornton, Multilateralising Regionalism, 6–8.

76 Apple Inc., Supplier Responsibility, 2015.

77 Bhagwati/Krishna/Panagariya, The World Trade System, 14–15.

78 Baldwin/Thornton, Multilateralising Regionalism, 13–15.

79 WTO, Regional Trade Agreements.

80 Baldwin, Multilateralising 21st Century Regionalism, 25–27.

81 Baldwin, Multilateralising 21st Century Regionalism, 37–38.

82 Bhagwati/Krishna/Panagariya, The World Trade System, 23–24.

83 Irwin, Free Trade Under Fire, 290–291, und Ikenson, Daniel J., A Compromise to Advance the Trade Agenda. Purge Negotiations of Investor-State Dispute Settlement, Free Trade Bulletin, Nr. 57, Cato Institute, 04.03.2014.

84 http://www.bmwi.de/Redaktion/DE/Artikel/Aussenwirtschaft/investitionsschutz.html (aufgerufen am 03.07.2017).

85 http://investmentpolicyhub.unctad.org/IIA (aufgerufen am 03.07.2017).

86 UNCTAD, IIA Monitor No. 3 (2009), Recent Developments in International Investment Agreements; http://unctad.org/en/Docs/webdiaeia20098_en.pdf (aufgerufen am 21.07.2017).

87 UNCTAD, IIA Issues Note, No. 1 (May 2017), Investor-State Dispute Settlement: Review of Developments in 2016.

88 EuGH vom 16.05.2017, Gutachten 2/15 (Freihandelsabkommen EU-Singapur).

89 Vgl. Metalclad Corp. vs. United Mexican States, ICSID (Additional Facility), ARB (AF)/97/1, Award of the Tribunal 30 August 2000; Krajewski, Markus, Wirtschaftsvölkerrecht, Baden-Baden, 2. Aufl. 2009, 181.

90 Dolzer, Rudolf/Schreuer, Christoph, Principles of International Investment Law, Oxford 2. Aufl. 2012, 130.

91 S.o., Metalclad/Mexiko.

92 Nachzulesen auf: http://trade.ec.europa.eu/doclib/docs/2014/september/tradoc_152806.pdf (aufgerufen am 16.07.2017).

93 Zu finden auf Seite 331 des Vertragstextes.

94 vgl. Schill, Stephan, Auswirkungen der Bestimmungen zum Investitionsschutz und zu den Investor-Staat-Schiedsverfahren im Entwurf des Freihandelsabkommens zwischen der EU und Kanada auf den Handlungsspielraum des Gesetzgebers, Kurzgutachten, Heidelberg, 2015, 13–16.

95 UNCTAD, Recent Trends in IIA and ISDS (2015).

96 Vgl. Schill, Kurzgutachten.

97 Vgl. Tietje, Christian/Baetens, Freya, The Impact of Investor-State Dispute Settlement (ISDS) in the TTIP, 8.

98 http://www.uncitral.org/pdf/english/texts/arbitration/rules-on-transparency/Rules-on-Transparency-E.pdf (aufgerufen am 27.07.2017).

99 Epping, Volker, Grundrechte, Berlin 7. Aufl. 2017, Rn. 171.

100 Vgl. Schill, Stephan, Internationaler Investitionsschutz und Verfassungsrecht, in: Verfassungsblog, 14.05.2014.

101 Deutschland hat u.a. Investitionsschutzabkommen mit Malta, Portugal und zwölf weiteren EU-Mitgliedsstaaten abgeschlossen, die noch heute in Kraft sind.

102 So auch Quick, Reinhard, Warum wir ISDS in TTIP brauchen, in: ZEuS 3/2015.

103 Vgl. Tietje, Christian, Internationales Wirtschaftsrecht, Berlin, 2. Aufl. 2015, 219.

104 Nye, Joseph S. Jr., Soft Power, The Means to Success in World Politics, New York, 2004, 5–6.

105 Ebd. 7.

106 Ebd. 11; Nye identifiziert die (politische) Kultur, politische Werte sowie diplomatisches Vorgehen als zentrale Quellen und Ressourcen von »Soft Power«.

107 Vgl. ebd. 18–21: In dem Maße, in dem ökonomische Motive für moderne Gesellschaften wichtiger werden als der bloße Anspruch auf Macht und Einfluss, ändern sich auch die Mittel der modernen Außenpolitik.

108 Kern, Alexander, Economic Sanctions, Law and Public Policy, New York, 2009, 10.

109 Ebd. 10–11.

110 Vgl. auch für das Folgende: Ebd. 12–14.

111 Ebd. 14–20.

112 Ebd. 16–17.

113 Dem UN-Sicherheitsrat ist auch die Verabschiedung von rechtlich verbindlichen Sanktionen möglich (Ebd. 24).

114 Vgl. auch für das Folgende: Ebd. 40–51.

115 Vgl. Münkler, Herfried, Die Neuen Kriege, Hamburg, 5. Aufl. 2014, Kapitel 4: Die Ökonomie der Gewalt in den neuen Kriegen.

116 Vgl. Kern (2009), Kapitel 10.

117 So geschehen bspw. anlässlich der Krim-Annexion durch Russland. Das geplante G8-Treffen wurde aus dem russischen Sotschi nach Brüssel verlegt und fand ohne eine

Teilnahme Russlands statt, siehe: European Union Newsroom, EU Sanctions against Russia over Ukraine Crisis, 20.10.2015.

118 »Economic Power« lässt sich als Ebene zwischen »Military Power« und »Soft Power« einordnen; vgl. Nye (2004), 9 und 31.

119 Vgl. Hufbauer, Gary Clyde/Schott, Jeffrey J./Elliott, Kimberley Ann/Oegg, Barbara: Economic Sanctions Revisited, Washington, 3. Aufl. 2007, sowie Kern (2009), 34–36.

120 Vgl. Peters, Jeremy W., House Passes Bill Russia Trade Bill With Eye on Human Rights Abuses, The New York Times, 16.11.2012, sowie: Russia and Moldova Jackson-Vanik Repeal and Sergei Magnitsky Rule of Law Accountability Act of 2012, Title IV, 22 USC 5811 note.

121 Vgl. Browder, William F., Red Notice. A True Story of High Finance, Murder, and One Man's Fight for Justice, New York 2015. Browder ist Gründer und CEO von Hermitage Capital Management und war nach dem Tod Magnitskis maßgeblich an der Initiierung des Prozesses zur Verhängung von Sanktionen gegen russische Beamte und Eliten beteiligt.

122 Vgl. Sergei Magnitsky Rule of Law Accountability Act of 2012, Sec. 401, a) (7) bis (11).

123 Ebd., Sec. 404 bis 406. Die Sanktionsliste enthält gegenwärtig Namen von 34 Individuen, und wurde in der Vergangenheit kontinuierlich erweitert, vgl. US Department of the Treasury, Resource Center, Financial Sanctions, OFAC Recent Actions, Magnitsky-related Designations, 29.12.2014.

124 Vgl. Sergei Magnitsky Rule of Law Accountability Act of 2012, Sec. 401, a) (12) bis (15).

125 Vgl. Russia and Moldova Jackson-Vanik Repeal and Sergei Magnitsky Rule of Law Accountability Act of 2012, Title I bis III (19 USC 2434 note).

126 Vgl. Eckholm, Erik/Herszenhorn, David M., Putin Signs Bill That Bars U.S. Adoptions, Upending Families, The New York Times, 27.12.2012.

127 European Union Newsroom, EU Sanctions against Russia over Ukraine Crisis, 20.10.2015.

128 Vgl. Kafsack, Hendrik, Ukraine-Krise, EU verhängt Wirtschaftssanktionen, *Frankfurter Allgemeine Zeitung* 29.07.2014, sowie European Union Newsroom (2015).

129 Vgl. Streit über härtere Strafen, Russland-Sanktionen spalten deutsche Wirtschaft, Handelsblatt, 16.09.2014.

130 Vgl. auch für das Folgende: Bond, Ian/Odendahl, Christian/Rankin, Jennifer, Frozen. The Politics and Economics of Sanctions Against Russia, Centre for European Reform (CER), London 2015.

131 Vgl. UN stimmen Aufhebung der Iran-Sanktionen zu, *Frankfurter Allgemeine Zeitung* 20.07.2015, sowie, auch für das Folgende: United Nations Security Council, Resolution 2231 (2015).

132 When The Sanctions Come Off, *The Economist* 25.07.2015.

133 Vgl. The View from Teheran, The Young and Hopeful in Iran Are Cautiously Optimistic, *The Economist* 03.04.2015.

134 Vgl. Hufbauer, Gary Clyde/Schott, Jeffrey J., Can Sanctions Stop the Iranian Bomb? Peterson Institute for International Economics, Washington 2006.

135 Donald J. Trump, Remarks of President Donald J. Trump – As Prepared for Delivery: Inaugural Address.

136 Deutscher Bundestag, Plenarprotokoll 18/54 (25. September 2014).

137 Einen guten Überblick über die Strömungen der Neuen Institutionenökonomik liefert Pennington, Mark, Theory, Institutions and Comparative Politics, in: Bara, Judith/ Pennington, Mark, Comparative politics. Explaining democratic systems, Los Angeles 2009, 13–40.

138 Buchanan, James M./Tullock, Gordon, The calculus of consent, Ann Arbor, 1962.

139 Buchanan, James M., The constitution of economic policy, in: *The American Economic Review* 3/77 (1987).

140 Vgl. Weber, Max, Wirtschaft und Gesellschaft. Grundriss der verstehenden Soziologie, Tübingen 2002.

141 Vgl. Becker, Gary S., The economic approach to human behavior, Chicago 1976.

142 Simon, Herbert A., A Behavioral Model of Rational Choice, in: *The Quarterly Journal of Economics* 1/69 (1955).

143 North, Douglass C., Institutions, institutional change and economic performance. Political economy of institutions and decisions, Cambridge 1990.

144 Olson, Mancur, The logic of collective action. Public goods and the theory of groups, Cambridge 2003.

145 Ebd., 93.

146 Ein öffentliches Gut ist ein Gut, von dem Nutzer nicht ausgeschlossen werden können und dessen Nutzer nicht in Rivalität zueinander stehen. Beispiele hierfür sind der Umweltschutz, Landesverteidigung oder frei empfangbares Radio.

147 Tullock, Gordon, Rent seeking, Cheltenham 1993.

148 Stigler, George J., The Theory of Economic Regulation, in: *The Bell Journal of Economics and Management Science* 1/2 (1971).

149 DeCanio, Samuel, Democracy, the Market, and the Logic of Social Choice, in: American Journal of Political Science 3/58 (2014).

150 Friedrich Merz, bei Anne Will, Wem nützt TTIP – Nur Konzernen oder auch Verbrauchern?, 20.5.2015.

151 Rodriguez, Francisco/Rodrik, Dani, Trade Policy and Economic Growth. A Skeptic's Guide to the Cross-National Evidence, in: NBER Macroeconomics Annual, Jg.15 (2000), 261–325.

152 Jones, Charles, The Facts of Economic Growth, NBER Working Paper No. 21142 (2015).

153 Centre for Economic Policy Research, Reducing Transatlantic Barriers to Trade and Investment. An Economic Assessment; Final Project Report, 2013.

154 Bioland e.V., Bioland lehnt Freihandelsabkommen mit USA und Kanada ab, 26.11.2013.

155 Losse, Bert, Zustimmung der Deutschen zu Freihandel und EU steigt, in: *WirtschaftsWoche Online*, 24.06.2017.

156 http://www.boersenverein.de/freihandelsabkommen

157 Presse- und Informationsamt der Bundesregierung, Buchpreisbindung bleibt, 30.09.2015.

158 Verbraucherzentrale Bundesverband e. V., *verbraucher politik kompakt* 2/2016.

159 Ebd.

160 http://ttip-demo.de/home/netzwerk/

161 Verbraucherzentrale Bundesverband e. V., Jahresbericht 2015/2016.

162 http://unternehmenhandeln.de/ueber-uns/

163 Bundesverband der Deutschen Industrie e.V., Hannoveraner Erklärung: Ein starkes TTIP für Deutschland, 13.04.2015.

164 Churchill, Winston S., For Free Trade, New York 2013.

165 Frankenberger, Klaus-Dieter, Umfragen zum TTIP. Deutschland ist Schlusslicht, Frankfurter Allgemeine Zeitung, 30.01.2015.

166 Attac: Vorsicht Falle!, http://www.attac.de/ttip (15.10.2015).

167 Campact: 5-Minuten-Info: Handels- und Investitionsabkommen TTIP, http://www.campact.de/ttip/appell/5-minuten-info/ (15.10.2015); Grüne Jugend: TTIP Nein danke! – Für demokratische und verantwortungsbewusste EU-Politik, 15.12.2014, http://www.gruene-jugend.de/node/26717 (15.10.2015).

168 Grüne Jugend: TTIP? – Nicht mit uns!, 02.03.2014, http://www.gruene-jugend.de/node/26773 (15.10.2015).

169 Ist das Freihandelsabkommen eine gute oder eine schlechte Sache für Deutschland?, *Der Spiegel*, 17.11.2014, 76; Grafik mit Lizenz abrufbar unter http://de.statista.com/statistik/daten/studie/368728/umfrage/umfrage-zur-beurteilung-des-freihandelsabkommens-ttip-fuer-deutschland/ (10.11.2015); und Sind Sie für oder gegen den Vorschlag eines Freihandels- und Investitionsabkommens zwischen der EU und den USA?, in: Standard Eurobarometer 83 (Juli 2015), Tabellenanhang. Grafik abrufbar unter http://de.statista.com/statistik/daten/studie/377253/umfrage/umfrage-in-deutschland-zu-freihandelsabkommen-zwischen-eu-und-usa/ (10.11.2015).

170 Ebd.

171 Bertelsmann Stiftung, TTIP – die mediale Debatte: Wer berichtet was, wann und wie? 21.04.2015.

172 Greive, Martin, Angst vor TTIP – viele wissen aber gar nicht, warum, *Die Welt*, 8.11.2015.

173 Gesellschaft für Konsumforschung e.V., Würden Sie gentechnisch veränderte Lebensmittel kaufen? Kein Appetit auf Gen-Food, Juli 2014, 8. Grafik mit Lizenz abrufbar unter: http://de.statista.com/statistik/daten/studie/314393/umfrage/bereitschaft-zum-kauf-von-gen-food-in-deutschland/ (10.11.2015)

174 Bar-Anan, Yoav/Wilson, Timothy D./Gilbert, Daniel T., The feeling of uncertainty intensifies affective reactions, in: Emotion, Jg. 9 (2009), Nr. 1, 123.

175 TTIP geht Schwarzwälder Schinken an den Kragen, WirtschaftsWoche. 04.01.2015.

176 Wie TTIP die Bratwurst und andere regionale Produkte bedroht, *Hamburger Abendblatt* 05.01.2015.

177 Deutsche haben keinen Appetit auf Chlorhühnchen, *Der Stern*, 09.07.2014.

178 Nowak, Martin A./Page, Karen M./Sigmund, Karl, Fairness versus reason in the ultimatum game, in: *Science* 289 (2000), 1773–1775.

179 Z. B. Pinzler, Petra, Steckt die Hitlerkeule wieder ein, *Die Zeit*, 16.10.2015.

180 Z. B. Deutsch, Morton/Gerard, Harold B., A study of normative and informational social influences upon individual judgment, in: *The Journal of abnormal and social Psychology* 51.3 (1955), 629.

181 Noelle-Neumann, Elisabeth, Öffentliche Meinung. Die Entdeckung der Schweigespirale, Frankfurt a.M./Berlin, 4. Aufl. 1996.

182 Noelle-Neumann zufolge liegt es in der »sozialen Natur« des Menschen, die Isolation zu fürchten und nach Ansehen und Beliebtheit in seiner Umwelt zu streben, vgl. ebd. 64.

183 Ebd. 49.

184 Ebd. 298–299.

185 Noelle-Neumann, Elisabeth, Öffentliche Meinung, in: Noelle-Neumann, Elisabeth u.a., Fischer Lexikon Publizistik Massenkommunikation, Frankfurt a. M., 2. Aufl. 2003, 392–406, 404.

186 Bertelsmann-Stiftung, TTIP – die mediale Debatte. Wer berichtet was, wann und wie?, 21.04.2015.

187 Öffentliche Meinung wird hier als »Aggregation von individuellen Einstellungen und Meinungen zu Gegenständen, die von öffentlichem Interesse sind und politischen Entscheidungen unterliegen können« verstanden, vgl. Oppermann, Kai/Höse, Alexander, Die öffentliche Meinung als Katalysator für transatlantische Kooperation und Konflikte, in: Jäger, Thomas u. a., Transatlantische Beziehungen. Sicherheit – Wirtschaft – Öffentlichkeit, Wiesbaden 2005, 375–396, 375.

188 Luhmann, Niklas, Die Politik der Gesellschaft, Frankfurt a. M. 2000, 279.

189 Die öffentliche Meinung ist neben beispielsweise Verbänden oder Initiativen ein solcher gesellschaftlicher Akteur, vgl. Sarcinelli, Ulrich, Öffentliche Meinung, in: Andersen, Uwe/Woyke, Wichard, Handwörterbuch des politischen Systems der Bundesrepublik Deutschland, Opladen 2003, 439–446, 443–444.

190 Moravcsik, Andrew, Taking Preferences Seriously. A Liberal Theory of International Politics, in: *International Organization, Jg.* 51, 4 (1997), 513–553, 516–518; und Schieder, Siegfried, Neuer Liberalismus, in: Schieder, Siegfried/Spindler, Manuela, Theorien der Internationalen Beziehungen, Opladen 2003, 169–198, 174.

191 Oppermann/Höse, Öffentliche Meinung als Katalysator, 289.

192 Graham, Thomas W., Public Opinion and U.S. Foreign Policy Decision Making, in: Deese, David A., The New Politics of American Foreign Policy, New York 1994, 190–215, 195–197.

193 Mey, Holger H., Deutsche Sicherheitspolitik 2030, Frankfurt a. M. 2001, 28.

194 Noelle-Neumann, Öffentliche Meinung, 404.

195 Kafsack, Hendrik, Kaum jemand liest die TTIP-Dokumente, *Frankfurter Allgemeine Zeitung*, 16.04.2015.

Über die Autoren

Herausgeber

Frank Schäffler, geboren 1968, ist Mitgründer und Geschäftsführer von Prometheus – Das Freiheitsinstitut. Von 2005 bis 2013 war der FDP-Politiker Mitglied des Deutschen Bundestages. In dieser Zeit stemmte er sich vehement gegen die sogenannte Eurorettung und stimmte gegen sämtliche Maßnahmen der Schuldenvergemeinschaftung im Euroklub. Am 24.9.2017 wurde er erneut in den Deutschen Bundestag gewählt. Im FinanzBuch Verlag erschien zuletzt sein Buch »Nicht mit unserem Geld – Die Krise unseres Geldsystems und die Folgen für uns alle«. Häufig ist er zu Gast in Diskussionsrunden in Fernsehen und Radio. Außerdem erscheinen von ihm regelmäßig Gastbeiträge in verschiedenen deutschen Tageszeitungen.

Clemens Schneider, geboren 1980, ist Mitgründer und Managing Director von Prometheus – Das Freiheitsinstitut. Er ist als Netzwerker der freiheitlichen Bildung eine viel gefragte Anlaufstelle für die junge Generation. Neben seiner Arbeit für Prometheus und seiner regen Vortragstätigkeit schreibt er an einer Doktorarbeit über den englischen Historiker Lord Acton und dessen Freiheitsverständnis. Er ist Mitbegründer des Bildungsprojekts »Agora Sommerakademie« und des Blog-Projekts »Offene Grenzen«. Er war Promotionsstipendiat der Friedrich-Naumann-Stiftung für die Freiheit.

Florian A. Hartjen hat Staatswissenschaften und Political Economy in Erfurt und London studiert und einen LL.M. an der University of Aberdeen gemacht. Er war Stipendiat der Friedrich-Naumann-Stiftung für die Freiheit (FNF) und hat 2014 als Programmreferent der FNF für Subsahara-Afrika in Johannesburg gearbeitet. Seine Forschungsschwerpunkte liegen auf der Erforschung informeller und krimineller Märkte und insbesondere des Menschenschmuggels und der irregulären Migration.

Björn Urbansky ist Doktorand am Institut für Wirtschaftspolitik der Universität Leipzig. In seiner Dissertation beschäftigt er sich mit der Rolle von Wirtschaftspolitik für wirtschaftlichen Erfolg und Niedergang in Ostasien. Während seiner Promotion absolvierte er Forschungsaufenthalte an der London School of Economics and Political Science sowie an der Keio Universität in Tokio. Er war wissenschaftlicher Mitarbeiter am Institut für Wirtschaftspolitik sowie Promotionsstipendiat der Friedrich-Naumann-Stiftung für die Freiheit. Aktuell ist Herr Urbansky Referent bei der Hanns Martin Schleyer-Stiftung.

Autoren

Prof. Dr. Jörg Baten, Professor für Wirtschaftsgeschichte an der Universität Tübingen, Präsident der European Historical Economics Society, war langjähriger Generalsekretär der International Economic History Association. Seine Promotion und Habilitation absolvierte er an der Ludwig-Maximilians-Universität München. Seine Forschungen und Publikationen befassen sich mit der Geschichte des Welthandels, des Humankapitals und mit den Ursachen von Gewalt. 2016 erschien das Buch »A History of the Global Economy«, eine leicht verständliche Überblicksdarstellung zur Wirtschaftsgeschichte der Weltregionen in den letzten 500 Jahren.

Dr. Matthias Bauer ist Senior Economist beim European Centre for International Political Economy (ECIPE) in Brüssel. Zuvor war er Koordinator für Internationale Wirtschaftspolitik bei der Konrad-Adenauer-Stiftung in Berlin und arbeitete in verschiedenen Positionen bei Banken und als Unternehmensberater. Er hat einen Bachelor in International Business Administration an der University of Hull sowie ein Diplom in Volkswirtschaftslehre an der Friedrich-Schiller-Universität Jena.

Wolfgang Clement (*1940), war von 1998 bis 2002 Ministerpräsident des Landes Nordrhein-Westfalen und von 2002 bis 2005 Bundesminister für Wirtschaft und Arbeit. Seit Sommer 2012 ist er Vorsitzender des Kuratoriums der Initiative Neue Soziale Marktwirtschaft (INSM).
Wolfgang Clement ist Buchautor und freiberuflicher Kolumnist, Mitglied verschiedener Aufsichtsräte, Kuratorien und Beiräte nationaler und internationaler Unternehmen sowie wissenschaftlicher Einrichtungen.

© obs/Deutscher Exzellenz-Preis/Paul Ripke

Tobias von Dreden, Jahrgang 1988, studierte in Köln und Warschau Sozial- und Politikwissenschaft. Während seines Studiums war er aktiver Stipendiat der Friedrich-Naumann-Stiftung für die Freiheit und arbeitet zurzeit als Unternehmensberater in der Telekommunikationsbranche.

Reinhold von Eben-Worlée, geboren 1957, ist Präsident des Verbands DIE FAMILIENUNTERNEHMER und Geschäftsführender Gesellschafter der E. H. Worlée & Co. GmbH & Co. KG. Nach seiner Ausbildung zum Industriekaufmann studierte er von 1980 bis 1984 Lebensmitteltechnologie an der heutigen Beuth Hochschule für Technik in Berlin (Dipl.-Ing.). 1995 übernahm er die Geschäftsführung der Worlée-Gruppe, ein Hamburger Familienunternehmen in mittlerweile fünfter Generation.

Jens Hertha, geboren 1990, hat in Bamberg, Edinburgh und Washington D.C. Volkswirtschaftslehre und European Economic Studies studiert. Seit 2016 arbeitet er an seiner Dissertation in den Bereichen Finanzmarktdynamik und Agent based Computational Economics und ist Wissenschaftlicher Mitarbeiter an der Universität Bamberg. Er ist Stipendiat der Friedrich-Naumann-Stiftung für die Freiheit.

Justus Hövelmann hat Politik und Wirtschaftswissenschaften in Münster, Berlin und Kopenhagen studiert und ist Altstipendiat der Friedrich-Naumann-Stiftung für die Freiheit. Er arbeitet als Unternehmensberater und lebt in Berlin.

Mareike König hat Psychologie mit Nebenfach VWL an der Universität Mannheim studiert. Ihren Master machte sie in Politischer Psychologie an der Queen's University Belfast. Während ihres Studiums erhielt sie ein Stipendium der Friedrich-Naumann-Stiftung für die Freiheit. Mareike König arbeitet als Journalistin.

Prof. Dr. Stefan Kooths, geboren 1969, leitet das Prognosezentrum im Institut für Weltwirtschaft (IfW) an der Universität Kiel und lehrt Volkswirtschaftslehre an der Business and Information Technology School (BiTS) in Berlin. Mit dem von ihm vertretenen koordinationsorientierten Paradigma zum Verständnis des Wirtschaftsgeschehens, das nicht zuletzt vom Wissenschaftsprogramm der Austrian Economics inspiriert ist, verbindet er Konjunkturforschung und Ordnungsökonomik.

Fabian Kurz promoviert in Volkswirtschaftslehre und ist Research Fellow am Institute for Research in Economic and Fiscal Issues. Davor hat er in Mannheim und Leipzig Economics studiert und war Stipendiat der Friedrich-Naumann-Stiftung für die Freiheit.

Julia Münzenmaier hat in Passau und Madrid Jura studiert. Während ihres Studiums erhielt sie Stipendien der Friedrich-Naumann-Stiftung für die Freiheit und des Deutschen Akademischen Austauschdienstes. Außerdem war sie bei der European Law Students' Association aktiv. Seit Oktober 2017 ist sie Rechtsreferendarin im Bezirk des Oberlandesgerichts Bamberg. Ebenfalls seit Oktober 2017 arbeitet sie als wissenschaftliche Mitarbeiterin am Lehrstuhl für Staatsrecht, Völkerrecht, Internationales Wirtschaftsrecht und Wirtschaftsverwaltungsrecht (Prof. Pache) an der Universität Würzburg.

PROMETHEUS

DAS FREIHEITSINSTITUT

Prometheus – Das Freiheitsinstitut ist eine Denkfabrik, die sich der Verbreitung freiheitlichen Denkens widmet. Es ist unser Ziel, den Wert der Selbstverantwortung in unserer Gesellschaft zu stärken. Wir sind überzeugt, dass es Ausdruck menschlicher Würde ist, sein Leben selbst in die Hand zu nehmen.

Darum setzen wir uns ein für individuelle Freiheit, die Stärkung der Zivilgesellschaft, eine freiheitliche Wirtschaftsordnung, die Herrschaft des Rechts und den Rückbau eines paternalistischen Staates. Prometheus will beitragen zum Aufbau einer freien Gesellschaft.

Ein regelmäßiger Blog auf unserer Website adressiert aktuelle und grundsätzliche Fragen. Im Rahmen von eigenen Kampagnen behandeln wir verschiedene Themen intensiver und über einen längeren Zeitraum hinweg: den Rundfunkbeitrag (»Zwangsbeitrag? Nein danke«), die Zukunft der Europäischen Union (»Europa der Bürger«) sowie Nudging und Paternalismus (»Ich brauch kein Kindermädchen!«). Mit dem Projekt »Prometheus Akademie« stellen wir Materialien für Schüler und Lehrer zur Verfügung. Das vorliegende Buch ist Teil unserer Kampagne zu Freihandel. Mehr Informationen finden Sie unter: www.freetrade.org.

Prometheus finanziert sich allein aus Spenden. Gerne können auch Sie uns unterstützen. Insbesondere sind wir auf regelmäßige Förderbeiträge angewiesen: Unsere »Fackelträger« sind mit ihrer monatlichen Unterstützung zugleich auch Botschafter von Prometheus. Weitere Informationen dazu finden Sie auf unserer Website: www.prometheusinstitut.de/unterstutzen.

Prometheus – Das Freiheitsinstitut gGmbH
Mulackstraße 20
10199 Berlin
030/23911073
info@prometheusinstitut.de
www.prometheusinstitut.de

Wie wir wurden, was wir sind

Eamonn Butler

Der klassische Liberalismus ist eines der wichtigsten politischen und sozialen Ideale. Tatsächlich war diese Idee entscheidend für die Entwicklung der modernen Welt, in der wir heute leben. Volkswirtschaften gediehen unbehelligt, während Regierungen in ihrer Handlungsfreiheit eingeschränkt waren. Daraus resultierte die gigantische Verbesserung des Lebensstandards in den letzten zwei Jahrhunderten. Allerdings wird der klassische Liberalismus oft missverstanden. Dies ist auch der starken Veränderung der Interpretation über die Jahre hinweg geschuldet. Butler beleuchtet die historischen Hintergründe der Idee, legt verständlich die wichtigsten Prinzipien dar und erklärt die Bedeutung des klassischen Liberalismus in allen Bereichen menschlichen Lebens.

160 Seiten | Softcover | 16,99 € (D) | ISBN 978-3-95972-044-1

Nicht mit unserem Geld!

Frank Schäffler

Wir befinden uns inmitten eines weltweiten Experiments, das es in dieser Dimension in der Wirtschaftsgeschichte noch nie gegeben hat. Eine gut 40 Jahre andauernde aggressive Geldpolitik faktisch aller großen Notenbanken stößt an ihre Grenzen. Wahrscheinlich erleben nicht erst unsere Kinder die einschneidenden Folgen, sondern wir selbst. Der ehemalige FDP-Abgeordnete Frank Schäffler war einer der ersten, die sich im Bundestag konsequent gegen diese als »alternativlos« geadelten Experimente, die angeblichen Rettungsmaßnahmen und die milliardenschweren Rettungsschirme gestellt hat. In diesem Buch zeigt er, dass uns die falsche Politik des beständig billigen Geldes nur wieder in eine neue, noch schlimmere Krise führen wird. Dieses Buch will SIE aufrütteln. Es ist nicht zu spät für eine Umkehr. Es gibt immer einen Weg zurück zu solidem Wirtschaften und zu gutem Geld.

272 Seiten | Hardcover mit Schutzumschlag | 19,99 € (D) | ISBN 978-3-89879-652-1